社会科学教法探索

门洪华　钟振明　主编

格致出版社　上海人民出版社

目 录

育人实践创新

导　言
构建面向社会主义现代化强国的教育体系

门洪华

【内容提要】　教育兴则国家兴，教育强则国家强。构建服务全民终身学习的教育体系目标的提出和路径的探索具有重要的战略意义。中国既有教育体系存在一些不足和短板，包括相关管理机制尚未理顺、关键性制度供给不足、教育资源分配不均衡、经费投入不足等问题。有鉴于此，在探讨借鉴其他国家构建终身学习教育体系经验的基础上，提出构建开放、共建、共享的教育治理新格局的战略思路：进一步加强党的领导，探索建立跨部门的领导协调机制，加强规划引领，建立终身教育"第一责任人制度"，推动将家庭教育纳入基本公共服务体系，进一步强化大学教育，让职业教育成为支撑和推动国家发展的核心动力，大力推进建立全民终身学习的教育平台，完善终身教育监测指标体系，建立终身学习激励机制，进一步强化国际合作，成就教育强国。

【关键词】　现代化强国　中国教育体系　全民终身学习国际经验　对策研究

【作者简介】 门洪华,教育部"长江学者"特聘教授,同济大学政治与国际关系学院院长、中国战略研究院院长。

时值我国迈上全面建设社会主义现代化国家新征程、向第二个百年奋斗目标进军的关键时刻,深入思考如何夯实社会主义现代化强国、实现中华民族伟大复兴的基础恰当其时。加快建设教育强国是中华民族伟大复兴的基础工程。党的二十大报告强调,教育是全面建设社会主义现代化国家的基础性、战略性支撑,教育是国之大计、党之大计。习近平总书记强调指出,教育同国家前途命运紧密相连①,教育兴则国家兴,教育强则国家强②,要求我们"抓住机遇、超前布局,以更高远的历史站位、更宽广的国际视野、更深邃的战略眼光,对加快推进教育现代化、建设教育强国作出总体部署和战略设计,坚持把优先发展教育事业作为推动党和国家各项事业发展的重要先手棋"③。2019 年 2 月中共中央、国务院印发的《中国教育现代化 2035》提出,要在 2035 年总体实现教育现代化,迈入教育强国行列,推动我国成为学习大国、人力资源强国和人才强国,为到 21 世纪中叶建成社会主义现代化强国奠定坚实基础,"建成服务全民终身学习的现代教育体系"是这一阶段性目标实现的重要标志。2019 年 10 月召开的十九届四中全会决定明确提出,"构建服务全民终身学习的教育体系"。党的二十大报告强调要坚持教育优先

---

① 《习近平春节前夕赴云南看望慰问各族干部群众 向全国各族人民致以美好的新春祝福 祝各族人民生活越来越好祝祖国欣欣向荣》,载《人民日报》2020 年 1 月 22 日第 1 版。
② 《习近平在北京大学考察时强调 抓住培养社会主义建设者和接班人的根本任务 努力建设中国特色世界一流大学》,载《人民日报》2018 年 5 月 3 日第 1 版。
③ 《习近平在全国教育大会上强调 坚持中国特色社会主义教育发展道路 培养德智体美劳全面发展的社会主义建设者和接班人》,载《人民日报》2018 年 9 月 11 日第 1 版。

发展,加快建设教育强国,建设全民终身学习的学习型社会、学习型大国。

　　构建服务全民终身学习的教育体系,为教育升位赋能,对国民教育体系建设提出了更高要求。① 党的二十大报告强调,我们要统筹职业教育、高等教育、继续教育协同创新、建设全民终身学习的学习型社会、学习型大国。近年来,我国与现代化强国相适应的教育体系稳步推进,教育部致力于教育高质量发展,打造优质均衡基本公共教育服务体系、建设服务全民终身学习的教育体系,教育改革开放持续深化。② 与此同时,我们与服务全民终身学习的目标尚有差距。全民终身教育或者终身学习,不是在现行学校教育模式上叠加其他教育,而是对教育体系进行根本性的结构调整。为此,应以习近平新时代中国特色社会主义思想为指导,打破传统教育体系边界,实现各级各类教育纵向衔接、横向沟通、协调发展、密切配合、良性互动,逐步缩小区域、城乡、校际、群体差距,高质量满足人民群众日益增长的教育需要。

一、构建全民终身学习教育体系的目标、路径与基础

　　习近平总书记认为,重视教育才能赢得未来。③ 他强调教育的目的就是"培养社会主义建设者和接班人……培养有历史感责任

---

① 陈宝生:《推进教育治理体系和治理能力现代化》,载《旗帜》2019 年第 11 期,第 17—18 页。
② 《教育部部长怀进鹏:这十年,服务全民终身学习的教育体系进一步完善》,搜狐:2022 年 9 月 9 日,https://www.sohu.com/a/583618738_243614,访问时间:2022 年 10 月 23 日。
③ 《努力办好中国特色社会主义高校——习近平总书记在全国高校思想政治工作会议上的重要讲话引起热烈反响》,载《人民日报》2016 年 12 月 9 日第 4 版。

感、志存高远的时代新人,为实现中华民族伟大复兴提供有力人才支撑"①。习近平总结我国教育事业规律时指出,强化坚持党对教育事业的全面领导,坚持把立德树人作为根本任务,坚持优先发展教育事业,坚持社会主义办学方向,坚持扎根中国大地办教育,坚持以人民为中心发展教育,坚持深化教育改革创新,坚持把服务中华民族伟大复兴作为教育的重要使命,坚持把教师队伍建设作为基础工作②,并把"必须扎根中国大地""可以借鉴国外有益做法"作为可行路径。③ 上述认识堪称构建全民终身学习教育体系的指导原则。

我们要深刻理解和把握党中央坚持优先发展教育事业的战略部署,抓好坚持办学的正确政治方向,建设高素质教师队伍,形成高水平人才培养体系等基础性工作,构建全民终身学习的中国特色社会主义教育体系,为实现中华民族伟大复兴打牢人才根基。中共教育部党组强调全民终身学习教育体系的建设目标为"面向每个人、适合每个人、更加开放灵活"④。构建全民终身学习教育体系的路径和主要内容,并把打造面向每个人的教育、打造适合每个人的教育、打造惠及每个人的教育作为核心指标。⑤

---

① 《习近平春节前夕赴云南看望慰问各族干部群众 向全国各族人民致以美好的新春祝福 祝各族人民生活越来越好祝祖国欣欣向荣》,载《人民日报》2020 年 1 月 22 日第 1 版。
② 《坚持中国特色社会主义教育发展道路 培养德智体美劳全面发展的社会主义建设者和接班人》,载《人民日报》2018 年 9 月 11 日第 1 版。
③ 《习近平在北京大学考察时强调 抓住培养社会主义建设者和接班人的根本任务 努力建设中国特色世界一流大学》,载《人民日报》2018 年 5 月 3 日第 1 版。
④ 《中共教育部党组关于教育系统学习贯彻党的十九届四中全会精神的通知》,教育部网:2019 年 11 月 7 日,http://www.moe.gov.cn/srcsite/A12/s7060/201911/t20191129_410201.html,访问时间:2021 年 6 月 12 日。
⑤ 陈宝生:《推进教育治理体系和治理能力现代化》,载《旗帜》2019 年第 11 期,第 17—18 页。

党的十八大以来，中国特色社会主义教育事业取得巨大发展，已经建成世界上规模最大的教育体系，教育普及水平实现历史性跨越，为构建全民终身学习教育体系打下坚实而广阔的基础。我们深刻理解和把握坚持社会主义办学方向的政治原则，即为人民服务、为中国共产党治国理政服务、为巩固和发展中国特色社会主义制度服务、为社会主义现代化建设服务。深刻理解和把握坚持扎根中国大地办教育的自觉自信，扎根中国、融通中外，立足时代、面向未来，发展具有中国特色、世界水平的现代教育体系。教育系统成为坚持党的领导的坚强阵地，党的领导贯穿教育工作的各方面各环节。我们强调立德树人，中国特色更加鲜明，意识形态工作主导权牢牢把住。与此同时，我们加大教育投入保障，健全保证财政教育投入持续稳定增长的长效机制。随着教育体系的不断丰富完善，我国教育的世界影响力快速提升，成为日益走近世界舞台中央的一张亮丽名片。

二、全民终身学习教育体系的构建存在诸多短板

构建服务全民终身学习的教育体系目标的提出和路径的探索具有重要的战略意义，但毋庸讳言，既有体系存在一些不足和短板，需要高度重视。这具体表现在：

第一，相关管理机制尚未理顺。全民终身学习教育体系的构建，实质是实现教育体系一体化。由于体制分割和交叉管理，各级政府、部门层面缺乏相应的统领与管理，没有形成功能合理、运转顺畅的终身教育管理体制。目前，成人教育、继续教育等终身教育类型多划归高等教育的管理范围，但终身教育在教育目的、教育实施、教育背景、财政投入等方面与高等教育有较大的差异性，统筹有力

的跨部门终身教育领导管理体制仍未完全建立。

第二，关键性制度供给不足。国家资历框架和学分银行可以根据知识、技能和能力的要求，构建连续的、可被认可的资格阶梯，很多国家将之作为服务全民终身学习重要制度。目前，我国资历框架和学分银行建设主要面向在校生的学历教育，而面向各类在职员工、新型职业农民、退役军人等重点人群的还不多。地方资历框架和学分银行建设的资源整合力度总体不够，政府推动、行业组织、企业雇主、教育培训机构等多元主体自觉参与的协同机制尚未建立。

第三，教育资源分配不均衡。习近平强调，教育公平是社会公平的重要基础，要不断促进教育发展成果更多更公平惠及全体人民，以教育公平促进社会公平正义。① 中国教育资源分配不均衡导致了各类教育发展不均衡，引发了"身份"偏见。传统学校教育和高等教育体系对职业教育仍抱有"二流教育"的刻板印象。社区教育和老年教育蓬勃发展，但其学习成果认证不能得到国家基本教育体系的有效认同，遑论与其他教育体系之间的有效沟通。各类教育培训机构和行业企业之间学分转换和成果互认存在壁垒，缺乏质量信任。

第五，经费投入仍然不足。习近平强调，"要加大投资于人的力度"②，这是教育可持续发展的根本所在。近年来，我国财政教育经费支出占国内生产总值的比例始终保持在 4% 以上，但师资队伍建设、教育信息化、教育管理服务、课程资源开发、人才培养质量保障等方面尚未达到与经济社会发展相适应的水平。一方面，基础教育

① 《努力培养出更多更好的人才——习近平总书记在北京市八一学校考察时的讲话引起热烈反响》，载《人民日报》2016 年 9 月 11 日第 1 版。

② 《中央经济工作会议在北京举行》，载《人民日报》2015 年 12 月 22 日第 1 版。

支出大、欠账多，高等教育投入大、见效慢，财政对全民终身学习教育体系建设的投入力度有限，终身教育经费与人员保障薄弱；另一方面，欠发达地区不充裕的财政收入能够保证义务教育、高中阶段教育、中职教育等最基础的教育支出就已是竭尽全力，用于终身教育的投入尤为匮乏。

三、积极借鉴其他国家构建终身学习教育体系的经验

全民终身学习教育体系建设系中国特色社会主义所独创，尤其是"全民"的范围界定更是体现了中国社会主义的本质诉求。当然，终身教育是一个普适性的教育理念，有的国家早就进行了终身教育的实践。20世纪60年代中期以来，在联合国教科文组织以及相关国际机构的大力提倡推广普及之下，终身教育、终身学习在全世界广泛传播，越来越多的国家把推进终身教育、终身学习作为建设现代化国家的重要内容，积累了各具特色的成功经验。

美国强调教育立国，始终重视发展教育事业和培养各种人才，毫不吝惜地投资教育是美国迅速崛起为世界大国的内在根源。美国政府一直保持对教育的高支出，20世纪70年代以来，其教育投入始终保持占国内生产总值7%左右的比重，远远大于其他方面的支出。鉴于美国是一个移民国家，美国在教育过程中特别强调美国精神的培育，在"大熔炉"的多元化诉求之下，美国大力推进美国化教育，倡导实用、自由、开放的精神，使教育成为美国发展的关键性推动力。与此同时，美国强调美国文化输出和渗透，大力加强教育国际化，使教育成为美国对外扩张、保持全球影响力的重要载体与核心路径。美国除了加强人才培养之外，还大量吸引人才，美国国会多次修改《移民法》，着力吸引亚洲、欧洲等地

的优秀人才。①

作为后起强国,日本高度重视教育,强调政府的教育责任。自明治维新始,日本就始终致力于普及教育,规定最低教育年限,致力于"邑无不学之户,家无不学之人"的目标。② 日本始终强调大力投资教育,20 世纪 80 年代前后,其教育财政占整体财政的约 20%,位居世界各国之首。日本明确政府振兴终身学习的责任,如收集、整理和提供与学校教育、社会教育相关的学习文化活动机会信息,开发符合本地情况的学习方法,为居民学习的指导者和教育者提供研修服务,为地方学校教育、社会教育及文化机构或团体的合作提供咨询和支援等。同时,要求地方政府整合终身学习资源,设立终身学习审议会,制订地方终身学习推进计划,扩大学习机会。此外,日本还修订社会教育相关法令,增加与民间教育事业合作等内容,改进政府、企业等的用人行为和改革公共职业资格制度等,纠正偏重学历弊端,使终身学习成果能得到恰当评价。日本始终强调政府对教育内容和学校运营的管理,把终身教育政策统筹置于地方政府首长的行政管理之下,在中央政府明确由文部省和通产省共同作为终身学习主管部门。文部省将原来的社会教育局调整为终身学习政策局,赋予其统筹协调各级各类教育政策的职能。③ 与此同时,日本将培养满足市场经济和全球化需求的人才作为教育发展目标,强调多元化、终身化和国际化的方向,高度重视人才培养质量和精英教育。

德国则建立了完善的资格证书体系,以此大力推动终身学习。

---

① 门洪华:《中国对外开放战略(1978—2018 年)》,上海:上海人民出版社 2018 年版,第 56 页。

② 同上书,第 57 页。

③ 韩民:《中日韩终身教育体系建设比较研究》,载《终身教育研究》2017 年第 4 期,第 3—9 页。

德国资格证书种类繁多,成为撬动全民终身学习的重要抓手。持有高校入学资格证的人既可以进入任何高等院校深造,又可以参加双元制或全日制职业培训。双元制与全日制职业培训机构作为向各个年龄段群体敞开的职业培训组织,为那些未能获得高校资格证书的年轻人,以及那些在工作中需要随时提升自身职业知识技能的从业者提供各种学习条件。德国青年在双元制培训学校或者全日制培训学校接受培训,可以获双元制培训资格证书或全日制培训资格证书,这类资格证书可以作为更高级教育培训的入学基础,对于有一定工作经验的年长者还可以争取获得高级职业培训证书,而该证书可终身获取。德国的资格证书体系有助于人们及时更新知识技能,有效推动终身学习。①

四、构建开放、共建、共享的教育治理新格局

构建服务全民终身学习的教育体系,需要加强顶层设计,完善法律法规、体制机制,充分调动各方积极性,着力形成全社会共同参与、迈向国际化的教育治理新格局。具体而言,应做到以下几点。

第一,进一步加强党的领导,把党的领导贯穿到教育工作的方方面面。在强调人的全面发展和全面育人教育思想的同时,恪守坚持社会主义办学方向的政治原则,牢牢把握意识形态的主动权,健全立德树人落实机制,坚持扎根中国大地办教育的原则和方向。

第二,加快相关法律法规的制定与完善。教育现代化史表明,实现终身教育,有赖于法治保障机制的健全。建议在国家层面加

---

① 靳相宜:《德国职业资格证书体系:促进全民终身学习的制度基础》,载《世界教育信息》2009 年第 12 期,第 30—32 页;杨蕊竹、孙善学:《德国双元制高等教育制度变迁特征与启示》,载《高等教育研究》2023 年第 10 期,第 94—101 页。

快推进终身教育法、继续教育法、国家资历框架条例等新法的制定工作。

第三,探索建立跨部门的领导协调机制。在国务院设立跨部门的国家资历框架建设指导委员会,统筹学历学位管理、职业资格管理和专业技术职务(资格)管理职能,领导协调各部门系统、各地区开展工作,重点编制国家资历基准框架及各行业的子框架标准。教育部应联合有关部委、行业、院校、企业成立国家学分银行管理委员会,负责规划、决策、审核与发布标准、监控质量等。探索设立国家学习成果认证中心等日常管理机构,负责执行国家有关政策和标准体系,面向全国开展学习成果认证、积累与转换业务,推进我国资历框架及标准体系与国际对接。

第四,加强规划引领,引入教育"一票否决"制度。以终身学习型社会建设为目标导向,加强终身教育规划基础能力建设,确保各级各类教育规划目标上下贯通、政策协调一致。在横向上强化部门政策协同,使教育规划与人口、产业、国土、财政、科技等领域规划相互衔接、形成合力,引入教育"一票否决"制度。

第五,建立终身教育"第一责任人制度",加大投入力度。建立全面终身学习教育体系建设经费管理制度,实现终身教育实施过程中的教育经费收支动态的常态化管理,保障各项经费收入与支出符合法律规定。拓宽教育经费融资渠道,调动社会各方面力量的积极性与主动性,健全基本教育设施,确保教育事业优先发展。

第六,积极推动将家庭教育纳入基本公共服务体系,争取专项经费支持。构建覆盖城乡的家庭教育指导服务体系,注重家庭教育的基础性作用,编制家庭教育指导手册和家庭教育学校指导手册,针对不同学龄段设置课程、开发教材、举办活动,引导家长掌握科学的教育理念和方法。

第七,进一步强化大学教育,加大精英教育的力度。习近平强调,专家型教师队伍是大学的核心竞争力,要把建设政治素质过硬、业务能力精湛、育人水平高超的高素质教师队伍作为大学建设的基础性工作,始终抓紧抓好。^①在强调平等、包容、普惠的教育政策目标的同时,积极提倡精英教育,让优质教育资源优先投入大学教育,致力于培养精英人才,为越来越激烈的全球竞争做好人才储备。其间,要高度关注基础研究,在强化理工科基础研究的同时,还要高度重视人文社会科学领域的基础研究,坚守和扩大思想文化阵地。

第八,让职业教育成为支撑和推动国家发展的核心动力。作为继续教育的重要组成部分,职业教育始终与社会经济发展紧密结合,是广大青年打开通往成功成才大门的重要途径。^②我们要创新职业教育模式,坚持产教融合、校企合作、科教协同,深化复合型技术技能人才培养培训模式改革,引导社会各界投资职业教育,建立相关利益者的合作伙伴关系,鼓励高校、社会、企业共同参与建设各类教育培训体系。^③

第九,以信息化为手段扩大优质教育资源覆盖面,^④大力推进建立全民终身学习的教育平台。充分利用移动互联网等现代科技手段,扩大社区教育资源供给。借助移动互联网、5G 通信技术、移动智能设备、云计算技术、数字化出版、新媒体交互技术,建立网络化、立体化的全民终身学习的教育平台,加快发展城乡社区教育,推

---

① 《稳扎稳打勇于担当敢于创新善作善成 推动京津冀协同发展取得新的更大进展》,载《人民日报》2019 年 1 月 19 日第 1 版。
② 《更好支持和帮助职业教育发展 为实现"两个一百年"奋斗目标提供人才保障》,载《人民日报》2014 年 6 月 24 日第 1 版。
③ 杜瑛:《构建以学习者为中心的终身学习体系》,载《中国教育报》2018 年 7 月 12 日第 7 版。
④ 《习近平致国际教育信息化大会的贺信》,载《人民日报》2015 年 5 月 24 日第 2 版。

动各类学习型组织建设。

第十，完善终身教育监测指标体系。借助国家和各地教育大数据决策支持服务系统，形成诊断式分析报告和问题解决方案，发布年度监测分析报告，形成教育行政管理部门自评、教育督导部门评价和第三方评估相结合的多元评价体系，系统评价省级、市级、县级全面终身学习教育体系建设进程，对于存在的薄弱环节和难点问题提出改进方向和方案。

第十一，积极建立终身学习的激励机制。通过建立"个人学习账户"等方式，为愿意践行终身学习理念者提供一定的学习经费，确保其所花费的学习费用越高，补贴费用同样越高；建立终身学习成果的认证机制，对于不同群体通过各种渠道取得的学习成果进行评价与认证，作为其获得学历认证的重要依据。

第十二，坚持教育"走出去"与"引进来"并举，进一步强化国际合作，成就教育强国。我们的教育要更自信地在世界舞台、国际坐标和全球格局中去谋划发展，参与竞争和治理，创建中国理念、中国标准、中国方法和中国模式。进一步加强教育交流和国际比较研究，积极吸收世界先进教育成果，拓展与国外教育科研机构的合作，并注重加强与"一带一路"沿线国家地区交流合作，积极传播和分享中国教育经验，大力推动中国教育"走出去"。

课程改革研究

"新时代的中国与世界"金课建设与教学改革探析

刘笑阳

【内容提要】 作为同济大学核心通识教育选修课、上海市教委本科重点课程和上海市高校一流本科课程,由教育部"长江学者"特聘教授、"马克思主义理论研究和建设工程"首席专家门洪华教授领衔主讲的"新时代的中国与世界"通识课程积极推进教学改革与实践。在教学设计中,课程坚持"以人为本"的理念,打造浸入式的教学环境与教学体验,帮助学生深刻认识中国与世界的互动关系;在教学过程中,课程致力于构建"师生共同体"的良性互动,综合运用多种方式,激发大学生教育的主体意识,实现师生的良性互促;在成效评估上,课程从横向与纵向两个维度对本课程的"课程思政"建设有效性进行评估。"新时代的中国与世界"课程在课程建设与教学改革过程中呈现出前瞻性、综合性与实践性,具有持续发展的重要潜力和可供借鉴的教学启示。

【关键词】 新时代的中国与世界 通识课程 金课建设 课程思政 教学改革

【作者简介】 刘笑阳,同济大学政治与国际关系学院本科教学院长助理、预聘副教授、硕士生导师。

2018年6月,教育部召开新时代全国高等学校本科教育工作会议,强调坚持"以本为本",推进"四个回归",加快建设高水平本科教育、全面提高人才培养能力,造就堪当民族复兴大任的时代新人。① 2019年4月,教育部印发《教育部办公厅关于实施一流本科专业建设"双万计划"的通知》,决定于2019—2021年建设10 000个左右国家级和10 000个左右省级一流本科专业点,要"建设新工科、新医科、新农科、新文科示范性本科专业,引领带动高校优化专业结构、促进专业建设质量提升,推动形成高水平人才培养体系"②。2022年8月,时任教育部高教司司长的吴岩出席同济大学中层干部综合治理能力提升专题研讨班,并在题为《服务中国式现代化建好金专、金课、金师、金教材》的主旨报告中指出,金课的总体要求是"高阶性""创新性"和"挑战度",金课建设要把最新研究成果引入教学内容;做好课程教学设计,创新课程建设模式。③ 可以说,在新时代的高等教育背景下,金课建设已经成为提升教育质量和创新人才培养的核心抓手,特别是已经成为高等院校本科教育发展与建设的重要基础。

---

① 《坚持以本为本 推进四个回归 建设中国特色、世界水平的一流本科教育》,载《中国教育报》2018年6月22日第1版。

② 《教育部办公厅关于实施一流本科专业建设"双万计划"的通知》,中央政府网:2019年4月2日,http://www.gov.cn/zhengce/zhengceku/2019 - 12/03/content_5458035.htm,访问时间:2022年10月15日。

③ 《高质量育人服务中国式现代化,同济大学中层干部综合治理能力提升专题研讨班(第三期)结业》,同济大学新闻网:2022年8月21日,https://news.tongji.edu.cn/info/1002/81752.htm,访问时间:2022年10月27日。

正如习近平 2016 年 12 月在全国高校思想政治工作会议上所强调的那样，要"教育引导学生正确认识世界和中国发展大势，从我们党探索中国特色社会主义历史发展和伟大实践中，认识和把握人类社会发展的历史必然性，认识和把握中国特色社会主义的历史必然性……正确认识中国特色和国际比较，全面客观认识当代中国、看待外部世界"①。以此为指引，同济大学政治与国际关系学院和同济大学中国战略研究院在 2017 年党的十九大召开以来致力于打造"新时代的中国与世界"通识选修课程，致力于培养面向新型全球化的卓越战略型人才，充分结合理想信念教育、社会实践教育，系统介绍中国的发展成就、发展道路、发展走向，深入阐述中国与世界的关系，培养新时代大学生的世界视野、战略思维和精英意识。通过多年的建设，"新时代的中国与世界"业已获评"上海市本科重点课程"和"上海市一流本科课程"等称号，建设成效明显。有鉴于此，本文旨在通过梳理"新时代的中国与世界"的课程目标、内容、资源和形式等，总结其作为通识选修课程的特色建设路径，从而给予相关课程建设可能的启示。

一、"新时代的中国与世界"课程的基本情况

"新时代的中国与世界"课程是教育部"长江学者"特聘教授、"马克思主义理论研究和建设工程"首席专家门洪华教授基于新时代的国家战略背景、人才培养需要和学科相对优势在国内首创的通识选修课程，系同济大学核心通识教育选修课、上海市本科重点课

---

① 《把思想政治工作贯穿教育教学全过程 开创我国高等教育事业发展新局面》，载《人民日报》2016 年 12 月 9 日第 1 版。

程、上海市一流本科课程。本课程自党的十九大召开之后便开始立项建设,拥有长期的建设规划和稳定的教学设计。2018 年,本课程入选同济大学精品类通识选修课程建设项目核心课程。2019 年,本课程入选上海市教委本科重点课程和同济大学创新创业优质课程。同年,课程负责人主编出版辅导性教材《新时代的中国与世界》(其出版早于国务院新闻办公室 2019 年 9 月 27 日发布的《新时代的中国与世界》白皮书)。2020 年,课程入选同济大学优质在线开放课程,所拍摄的中英文教学资源已上线,并被列入面向全国高中生的同济大学先导课程计划。2021 年,课程入选上海市一流本科课程、同济大学课程思政示范课程以及澳门科技大学高级管理人员工商管理硕士(execufive master of business adminishation,以下简称"EMBA")"商学最新前沿专题讲座"系列课程,负责人编著出版专门教材《中国战略十二讲》和英文教材 *China and the World in the New Era*。2022 年,本课程被列入面向全国高中生的同济大学先修课程计划(全校仅 8 门),建设成为"中国大学 MOOC"的学校专属小规模限制性在线课程(small private online course,以下简称"SPOC")。可以说,经过课程负责人的长期建设和重点打造,本课程已经成为同济大学通识选修课程体系中的特色课程和核心课程之一。

"新时代的中国与世界"课程围绕同济大学关于具备专业素质、创新思维和全球视野的引领未来的社会栋梁与专业精英的培养目标,以及非相关专业学生拓展知识领域和满足学习兴趣的内在需求,强调立德树人对学生的知识、能力和人格全面发展的核心作用,以"百年未有之大变局"作为时代背景,以习近平新时代中国特色大国外交思想作为核心指导,以国家理想和世界理想的互动作为内在动力,以马克思主义战略研究作为基本方法,使学生理性认识中国崛起和民族复兴的国际背景,使学生系统理解中国与世界互动关系的运行逻辑,使学生深刻认同新时代中国特色大国外交的内在机理,并能够通过论文写作、学术演讲等方式阐发独立思考,从而锻造学生的世界眼光、战略思维和精英意识。课程始终强调满足非相关专业学生的兴趣需求,教学对象覆盖所有年级本科生,课程选修学生所属专业超过 60 种(包括信息管理与信息系统、测绘工程、环境工程、民族预科班、社会科学实验班、统计学、人文科学实验班、土木工程、广播电视编导、临床医学、康复治疗学、机电工程技术类、建筑规划与设计类、智能化制造类、金融学类、智能交通与车辆类等),并在多个校区同步开设。

"新时代的中国与世界"课程总计 24 学时,将以中国与世界互动历程的梳理为基础,从国家实力、国家利益、全球定位等基本要素出发,探讨中国战略制定的基本规律;深入学习和研究习近平的国际战略和外交思想,以此为指导剖析中国在全球和地区两个层面的战略布局,并以最重要的全球竞争对象美国和最重要的地区竞争对象日本为关注点,以中美关系和中日关系为个案,深入研究中国与世界互动关系的演变逻辑。相关授课教师以专门教材为基础,以教学团队为依托,以教学电子幻灯片(PPT)为媒介,采用教师讲授、课堂讨论与研究生自学相结合的教学方式,侧重于具有专业度的通识讲解和具有理论性的现实传授,并安排在该研究领域具有建树的专家学者进行讲座和研讨。本课程的讲义性教材《中国战略十二讲》2021 年 3 月由中国社会科学出版社出版,内容强调基于战略分析框架的最新阐释与权威理解,注重对中国特色大国外交思想的创新性分析与解读。同时,课程负责人主编并于 2019 年 3 月在格致出版社出版了同名辅导性教材《新时代的中国与世界》,汇集了诸多国内知名学者的研究分析,可以为选课学生的延伸阅读提供必要的文献支撑和教辅支持。此外,本课程英文教材 *China and the World in the New Era* 也于 2021 年由五洲国际传播出版社出版,从而形成中英融合与专辅结合的"一体两翼"教材架构。与此同时,本课程致力于建设补充与辅助线下教学的优质慕课视频资源,业已建设成为"中国大学 MOOC"的学校专属 SPOC 课程以及在 CANVAS 平台上建设成为面向全国优秀高中生的同济大学先修课程(线上学习)。

二、"新时代的中国与世界"的课程教学设计

从学习科学视角来看,金课的评判标准应指向学生的深度学习。[①]"新时代的中国与世界"课程坚持从国家的发展战略出发,从高校的育人目标出发,从学生的实际需求出发,旨在从跨学科角度深入剖析新时代中国与世界的关系变化、显著特征和中国的应对战略,帮助学生从密切结合国内国际两个大局的角度深刻认识世情、国情,从国际风云变幻中把握和认识世界潮流和国家发展趋势,深刻认识中国与世界的互动关系,掌握战略分析工具,提高战略分析和把握能力。

金课关注课的质量,强调课程和课堂应能帮助学生学得更广、更深、更好。[②] 在这个层面,"新时代的中国与世界"课程的教学设计主要聚焦于以下重点问题:(1)在课程定位上,强调专业性研究和通识性教育的科学衔接,强调实现同济大学新文科建设侧重的

① 吕林海:《"深度学习"视域下的大学"金课"——历史逻辑、考量标准与实现路径之审思》,载《高校教育管理》2020 年第 1 期,第 40—51 页。

② 邹维、张东娇:《"金课"就是"受学生欢迎的课"?》,载《现代大学教育》2020 年第 4 期,第 105—110 页。

"新时代的中国与世界"课程与教材体系的互联互通,致力于实现线下授课和线上资源的叠加效应,探索提升课程的引领性和贡献度。(2)在课程思政上,强调"新时代""中国"和"世界"在立德树人和课程思政方面的基础价值,致力于促进习近平新时代中国特色社会主义思想特别是习近平外交思想对学生认知的筑基作用,致力于发挥马克思主义战略分析方法对学生素质的强化效果,探索提升课程的思想性和认可度。(3)在课程内容上,强调新时代的中国和百年变局的世界之间的互动关系对非专业学生的普及性和启示性,以知名学者的权威把握和个人特色的知识讲授为基础,致力于为学生提供丰富多元的课程体验,探索提升课程的高阶性和专业度。(4)在课程方法上,强调为学生提供"听读联动-学思贯通-说写提升"合一的教学路径,致力于促动教师讲授和学生自学的有机结合,致力于实现知识吸收和观点表达的良性互动,探索提升课程的创新性和挑战度。

约翰·纽曼(John Newman)在《大学的理想》中强调,要"在新旧知识之间建立联系,通过分析、对照、整合等手段,使得新知识真正内化为学生整个知识体系的有机组成部分,要用普遍联系的观点去掌握知识"[①]。事实上,"新时代的中国与世界"课程也始终强调在传统知识内容基础上形成新的知识体系,从而在以下四个方面强化金课的课程内涵建设和课程思政特色:第一,侧重于通过思想阐释形成学生对新时代中国特色大国外交的宏观把握,使其深刻理解中国对外开放战略的内在逻辑与思想来源,促进学生以积极正面的眼光看待中国主动促进与世界构建良性互动关系的行动,从而在思

---

① [英]约翰·亨利·纽曼:《大学的理想》,徐辉、顾建新译,杭州:浙江教育出版社2001年版,第4页。

想上强化对于中国国际战略和对外政策的认可度与契合度。第二，侧重于通过历史梳理形成学生对中国与世界互动背景的科学理解，深刻把握"百年未有之大变局"的理论内涵，形成关于中华民族复兴所处的全球背景与世界潮流的基本认识与时代观念，提升学生对于中国对外开放伟大成就的自豪感与使命感，从而在更深层次上成为其爱国主义情怀的重要能量来源。第三，侧重于通过培养战略视野形成学生对中国在双边、地区和全球层面战略布局与外交行为的整体认知，促动学生以系统思维认识大国外交、周边外交、全球治理和"一带一路"等重大议题的内在机理，从而使其能够以更具专业性、更具前瞻性以及更具全盘性的思考，理解日益走近世界舞台中央的中国作为。第四，侧重于通过现实介绍明确中国与世界互动中的辉煌成果和提升空间，提升学生对于中国现实政策效用的客观认识与积极态度，强化其在国际问题领域的赶超意识和忧患意识，从而更好地为促动中国与世界之间的良性互动贡献自己的专业和热情。

金课的课程内容及教学环节应当配置丰富、多样，深浅度合理且具有区分度，充分体现知识传授与价值引领之间的高度统一。[①]基于此，"新时代的中国与世界"课程形成了稳定的常态化课程组织实施过程：教学团队（含研究生助教）通过定期集体备课和不定期教学反馈等机制，讨论确定课前阅读资料、课堂教学内容和课后思考题目。课程助教提前一周在 CANVAS 平台发布后续授课的中英文文献电子版供学生阅读，并鼓励学生就前期阅读发表个人感想或鼓励学生报名进行课堂展示（占课堂时间 10％）。本课程以教师讲授为主（占时 70％），并充分融合使用 PPT 讲义、网络资源和多媒

---

① 戴天娇、陆涓、戴跃侬：《立德树人语境下之"金课"建设》，载《中国高等教育》2020年第 17 期，第 59—61 页。

体技术等素材。在讲授过程中,教师根据教学设计就关键知识点促动学生交流、生生互动(占时 10%),并在授课尾声鼓励与解答学生提出的相关疑问(占时 10%)。本课程强调锻炼学生的分析与写作能力,要求每位学生在期中和期末提交学术论文,并在课程结束后访谈反馈学生的学习感受。相应地,本课程的成绩评定方式也基于金课要求呈现出多维统一的特点:日常考勤占总成绩的 20%,由助教负责学生的签到(迟到早退相应做出标记);课堂表现占 10%,结合课前阅读感想、课堂学术展示、课堂提问互动等表现加分评定;期中成绩占 20%,要求每位学生撰写不少于 2 500 字的学术论文(含中英文征引文献);期末成绩占 50%,要求学生提交不少于 5 000 字的考查论文(含中英文征引文献)。期中作业和期末作业依论文的规范性、充实性和创新性确定具体分数。

三、"新时代的中国与世界"的课程思政内涵

金课与一流课程是建立在立德树人根本任务基础上的新时代高校精品课程,其核心与关键是课程思政。[①] "新时代的中国与世界"课程始终强调立德树人的引领性和课程思政的基础性,强调沉浸式教学环境的营造、多维度课程体系的构建以及多元化育人方式的应用。

"新时代的中国与世界"的课程思政建设强调沉浸式教学环境的营造。课堂内外的校园物质环境、文化环境皆是孕育教育思维的土壤,课堂氛围、校园学术氛围、师生关系、校园文化、校风学风都能

---

① 杨祥、王强、高建:《课程思政是方法不是"加法"——金课、一流课程及课程教材的认识和实践》,载《中国高等教育》2020 年第 8 期,第 4—5 页。

够潜移默化、深远持久地对学生价值观念产生有效影响。"新时代的中国与世界"课程注重"第二课堂"建设,主张形成课堂讲授谈论与课外阅读聆听的良性互动,深挖同济大学、上海地区的对外开放进程和与世界接轨历程的教学相关资源,促动两个课堂的双向结合。对于通识课程来说,师生之间围绕问题平等交流与互动可发挥"彼此讨论"的价值,有效促进学生对所学知识的深层次感知以及与已有知识的融合,使学生在通识教育中获得实质性的进步与收获。① 在具体实施过程中,课程建设以课堂讲授作为主体,兼顾学生讨论的独立思考价值,致力于实现学生的知识愉悦感和思维创新度之间的有机平衡。在这一过程中,授课教师在课堂将坚持依托课程教材,侧重分享思想观点和个人经历,重视启发学生讨论思想创见和个人理解,形成课堂之中的师生互动。与此同时,课程还计划注重第二课堂的教育引导,建设课程微信群,并及时向学生分享具有见地的权威观点和校内外的重要讲座信息,特别是依托学院重点打造的系列讲坛,鼓励学生在课堂外进行趣味性的聆听和阅读,避免任务性的写作与查阅,从而在课堂内和课堂外的良性互动中,促动学生的内生性学习动力。

"新时代的中国与世界"的课程思政建设强调多维度课程体系的建构。应当说,这里的"多维度"强调形成思政教育与通识教育、专业课程教育的相互融通。在这个层面,本课程以"治理与战略"为主线,以"中国与世界"为内容,配套"中国国际战略导论"(上海一流本科课程)"海洋强国战略概论""中国国家安全导论""多层治理导论"等关于地缘政治学、政治经济学、外交学系列课程内容,同时结

---

① 付玉媛、韩映雄:《"金课"视域下通识课程教学方法有效性评价》,载《现代大学教育》2021年第2期,第103—110页。

合主讲教师在马克思主义国际战略领域的丰富研究成果,融合思想政治教育内涵,将打破学科之间的传统壁垒,以中国与世界的互动关系为核心要素,以爱国主义教育、理想信念教育、人文素质教育、科学素质教育为重要组成,帮助学生掌握专业知识的同时,扩大学生的知识维度与认知体系的外延,促动非主修专业学生以统筹国内国际两个大局的眼光看待中国崛起与发展的核心战略问题,激发学生关心国家安全的思想与意识,促进提升大学生政治参与能力与爱国主义情怀。此外,课程体系包含了自我评估体系,帮助课程教师获得及时的课程反馈与课程思政有效性的多项反馈,促使课程团队及时调整内容及存在问题,形成更多的与课程理念相关的正向效应。

"新时代的中国与世界"的课程思政建设强调多元化育人方式的应用。课程形成金师讲授、名师指导、优师培育的全员式教学与育人体系。金师讲授方面,课程负责人长期致力于国际战略理论和中国外交实践的讲授,曾经为中共中央党校省部级领导干部专题研讨班和中青年干部培训班授课,还多次赴北京大学、清华大学、东京大学、剑桥大学等国内外高等学府讲座授课,得到相关领导与高校师生的一致好评。在这个层面,课程的创新优势就在于以权威学者为核心依托,为学生呈现系统而专业的教学内容。在名师指导方面,课程注重讲授与高端讲座相结合,依托政治与国际关系学院打造的系列高端讲坛,邀请来自国内外政府部门高级官员、中国驻外大使、国内外顶尖高校知名学者为学生亲授国际重大事件背后的动因与关系,帮助学生更身临其境地了解中国对外关系的历史与现实,促动其感悟国家发展带来的巨大变化,助力培养大学生"爱国情、强国志、报国行"的价值观念。在优师培育方面,学院的教学与工作团队紧密配合,依托辅导员、心理咨询员、学生组织等学工团队,为非专业学生提供认识与了解本课程相关专业的机会。

四、"新时代的中国与世界"的建设成效特色

澳大利亚学者约翰·比格斯(John Biggs)和凯瑟琳·唐
(Catherine Tang)在《卓越的大学教学:建构教与学的一致性》一书
中详细阐述了如何设计、建构预期教学成效为本的、一致性的教、
学、评①,从理论上说明了只有在课堂中将课程教学目标、预期教学成
效予以落地实现,这样的课程才可以说是成功的,也才有可能成为
金课②。应当说,伴随着"新时代的中国与世界"课程的多年建设,
课程的相关评价较为明显地体现出金课建设的改革成效:(1)从学
生的视角来看,本课程每年度学生评教均为"优秀",学生普遍反映
课程提升了自己的战略思维和国际视野,是"自己在本学期最喜欢
的课程,提升了学习国际政治专业的兴趣与理解"。学生通过课程
促动了思想创新和能力挑战,特别是诸多理工科学生通过课程考查
作业,强化了社会科学的分析与写作能力。(2)从教师的视角来
看,课程在持续发挥负责人长期研究积累的同时,还拓展了线上课
程开发与线上线下融合讲授等方面的能力,并因此获得校级教学成
果奖和"师风师德"优秀教师等荣誉。课程也致力于通过课程思政
示范教学和金课建设讲座等形式发挥外溢效应,增强中青年教师的
教学研究与课程讲授水平。(3)从课程本身来看,本课程在教学改
革过程中逐步形成对标中央党校中青班培训的图文并茂的 PPT 以

① [澳]约翰·比格斯、凯瑟琳·唐:《卓越的大学教学:建构教与学的一致性》,王颖
等译,上海:复旦大学出版社 2015 年版。
② 汤智、计伟荣:《金课:范式特征、建设困局与突围路径》,载《中国高教研究》2020
年第 11 期,第 54—59 页。

及对标世界知名大学教学标准的阅读文献,并且建设完成系统的线上教学资源(已成为中国大学 MOOC 的学校专属 SPOC 课程)。同时,课程也已经成为面向全国优秀高中生的同济大学先修课程和澳门科技大学 EMBA"商学最新前沿专题讲座"系列课程。在此基础上,本课程的校级教学督导评价均为"优秀"(每年度两次以上),并进一步探索出"从无到有再向优"的发展路径和"去粗取精还成金"的发展取向。

在此基础上,本课程也形成具有自身特色的金课建设路径创新:(1)兼顾精品课程建设与课程体系发展。课程是国内关于"新时代的中国与世界"开设最早的专门课程,也是同济大学新文科建设所重点打造的"中国与世界"课程体系的核心课程,致力于与上海市一流本科课程"中国国际战略导论"等专业课程实现内部联动和叠加效应,探索出具有同济大学战略研究特色的"通专结合"路径。(2)兼顾专业知识讲授与思想政治教育。负责人作为国内相关研究的代表性学者之一,曾为中央党校省部级领导干部专题研讨班和中青班授课,以长期锻造的教研经验提供课程建设的核心支撑。在此基础上,习近平新时代中国特色社会主义思想的精髓,以及对于中国"国家理想"和"世界理想"的精神传递始终贯穿于本课程的授课过程中,并且本课程积极探索课程思政与思政课程的中英融合讲授(中英文版本教材 + 中英文字幕视频),形成以专业表达实现思政目标的通识课程样板。(3)兼顾通识教育定位与理工高校特色。课程基于通识教育定位设定教学内容和教学方式,课程选修学生所属专业超过 60 种,每年选课人数均达到开课体量的 100%,已经成为同济大学最受欢迎的通识选修课之一。同时,课程始终立足同济大学的理工特色,通过兼具规范性和开放性的论文考查和课堂分享,有效提升非相关专业学生的世界眼光、战略思维、逻辑素养和写作能力。（4）兼顾线上资源建设与线下平台打造。课程建设形成系统完整的课外阅读文献库，并通过拍摄录制课程慕课资源，降低非相关专业学生的学习成本，充实其对所感兴趣领域的学习体验。同时，课程负责人还长期打造"中国战略论坛""中国与世界名家讲座""同济大学社会科学前沿讲座"等第二课堂资源，鼓励学生在课堂外激发兴趣导向的学习与写作热情。

展望未来，"新时代的中国与世界"课程仍然具有进一步挖掘提升的空间和潜力：（1）在教学内容建设上，课程继续深入挖掘专业教学的课程思政内涵，并以中国与世界的互动关系为核心要素，以爱国主义教育、理想信念教育和人文素质教育为重要组成，促动学生坚持统筹国内国际两个大局的眼光看待中国崛起与发展的核心战略问题，从而提升其社会责任意识与爱国主义情怀。（2）在教学团队建设上，课程围绕精品课程建设要求持续建设和优化团队组成，结合个人研究方向安排更为丰富的课程内容。同时，课程将致力于形成教学团队的跨校发展，通过线上线下互动、教学研讨会议等形式，进一步拓展课程在国内其他高校的推广和应用。（3）在教学资源建设上，课程密切结合时代背景与中国现实，特别是结合党的二十大报告的重要精神在未来持续更新完善教材，并且进一步建设更加多元的教辅体系。与此同时，课程继续更新和完善"新时代的中国与世界"MOOC 视频资源，确保教材内容始终符合"百年未有之大变局"的背景要求、习近平新时代中国特色社会主义思想和中国特色大国外交的发展需要。（4）在教学方法建设上，本课程基于既有的中英文字幕慕课资源，继续通过中国大学 MOOC、学堂在线、超星学习通、CANVAS 等网络平台，聚焦探索线上线下混合式教学模式并构建与完善线上课程。据此，本课程将重点发挥线上教学的空间优势，探索高等学校通识课程的混合式考评体系，推动该课程成为具有同济特色和学科特点的线上线下混合精品课程和线上精品课程。

综上所述,"新时代的中国与世界"课程作为同济大学"核心通识教育选修课""上海市教委本科重点课程""上海市一流本科课程",作为高校课程思政与同济大学人才培育的重要内容,它是落实"三全育人"及高校"立德树人"根本目标的重要内容,它与思想政治理论课同向同行,与同济大学教学改革携手并进,与上海市课程思政品牌建设同频共振,最终实现课程思政理念的深入人心,形成"同济战略学派"关于课程思政的品牌项目,从而进一步为打造国家级一流本科课程奠定基础。

双语教学模式初探
——以国际组织与国际合作教学为案例

仇华飞

【内容提要】 双语教学是推进教学进程国际化的重要形式。构建高校科学的双语教学机制、建立起行之有效的双语教学模式,是提高双语教学质量的重要保障。同时,双语教学过程也是提高教师对中西文化、中西语言和交叉学科知识等各个方面的综合素质修养的重要途径。本文主要论述双语教学的概念、双语教学模式的评估、双语教学的教材建设、提高双语教学质量的主要手段,并且运用案例证明双语教学有利于提高学生认识问题、理解问题的能力。文章强调双语教学紧密联系实际的现实意义与历史发展意义。双语教学作为大学教学模式的一种创新,对推动大学专业学科建设、深化教学机制内涵,具有重要的理论与实践探索价值。

【关键词】 双语 教学模式 国际组织 国际合作

【作者简介】 仇华飞,同济大学政治与国际关系学院长聘教授。

当代世界国际科技竞争日益激烈,知识经济的发展促进科学技术和文化的交流。据最新统计,英语是当今国际交流最广泛使用的语言,现代权威的论文和著作90％以上用英文发表,70％以上的信息由英语传播。[①] 为了使学生获得更多的知识,掌握获取最新信息,把科研成果推向世界,双语教学承担起培养具有国际视野、具备国际竞争能力的创新型、复合型高级专门人才的责任。当今大学教学中,与传统的英语教学相比,双语教学更重视英语与学科的渗透,通过第二语言学习科学技术,促使学生形成对两种不同文化的积极适应与贯通,培养学生的跨文化意识。不同语言有着不同的信息组织方式和思维方式,双语学习可以使学生体验不同的思维方式,不同的思维的碰撞、融合,有利于学生创新思维的培养。

一、关于双语教学定义、困境与对策

什么是双语教学(bilingual instruction)? 它是指以两种以上语言作为教学媒介的教学,"其中一种语言并不一定是学生的母语"[②]。其目标是让学生充分地、平衡地掌握两种语言,或者促使学生学习和使用第二种语言。[③] 双语是教学的媒介,而不是教学的内容或科目。今天,双语教学是实现高等教育国际化的有效手段,2001年教育部发布4号文件《关于加强高等学校本科教学工作提高教学质量的若干意见》后,从政策上肯定了这种教学手段的尝试。

---

① 杨合现:《试析高等学校双语教学的意义及存在问题》,载《中国校外教育(理论)》2010年第9期,第81、101页。

② 林永成:《高校双语教学的几点认识与思考》,载《逻辑学研究》2007年第8期,第36—40页。

③ 顾明远主编:《教育大辞典》,上海:上海教育出版社1998年版,第1页。

随着经济全球化的发展,实施高等教育国际化发展战略是提高一国高等教育质量、国家创新能力和文化国际影响力的重要途径。[①]

双语教学具有双重性的教学目标,即一方面使学生通过对本学科国内外最前沿性的学术知识的学习,最大可能地拓展学科专业知识和研究思路;另一方面,使学生专业外语阅读、写作和表达能力有所提升,全面提高学生的外语综合运用水平。因此,双语教学本质上就是通过专业学习来带动外语学习,使学生通过学习具体的学科或课程来获取外语交际能力。

作为双语教学的实施者,教师的综合素质直接影响双语教学的教学质量。在非语言学科范围,需要由教师使用外语作为教学语言,来组织完成教学任务,使学生掌握专业学科知识,并增强外语应用能力,达到人的全面发展的教学目的。在尝试使用双语进行教学时,除了对部分课程采用外语授课方式外,同时还可适当参考国外具有先进性和代表性的原版教材。

联合国教科文组织总结了一个公式:教学质量 =(教材 + 学生 + 环境 + 教法)× 教师。这个公式明确显示,教学质量好坏的最大影响因素是教师的素质。[②] 没有高素质的双语教学老师,高质量的双语教学就无法推进。双语教学的目的具有特殊性,它要求双语教师不仅要具备扎实的专业知识储备,还要有较高的外语综合运用水平,熟练地运用外语讲述专业方面的知识,解析专业词汇的含义,融会贯通地进行答疑,用外语指导学生开展探究性学习和研究。我国高校双语教学教师的专业和外语水平参差不齐,很难统一要求,有些教师虽有坚实的专业基础,但在学科交叉与融合方面存在不足。

---

①   郭德红、李论、兰芸:《高等教育国际化的发展趋势及经验借鉴》,载《北京教育》2018 年第 6 期,第 8—11 页。

②   郭友群、郭锦:《对高校双语教学热的冷思考》,载《科技经济导刊》2017 年第 30 期。

双语教学师资培训可以分为两类：一是对外语教师进行专业学科培训，二是对专业教师进行外语培训。我国高校双语教师这两方面的培训正在向机制化方向发展，但因各学科之间的差异太大，学科知识的掌握需要长时间的学习和积累，还不能满足高校双语教学的要求。即便如此，外语培训，尤其是组织青年教师到欧美大学进行口语培训，正取得较好的效果，同济大学在这方面有较好的经验可以借鉴。

我国双语教育教学发展时间较短，对于诸如双语教学是否会"损伤"汉语教学，双语教学是否拥有相应的实施环境、教材、师资等问题的解决仍存在争议。要想解决这些争议和问题，促进双语教育教学的发展，就必须通过科学的路径，探索双语教育教学的合理性。[①] 我国高校的中青年教师是高校双语教学的主力军，但问题是他们的外语水平参差不齐，其中虽有专业知识较好、外语综合水平扎实的留学归国人员，但远远不能完全满足学校双语教学的巨大需求。所以，需通过各种途径弥补人才供给与需求的重大差距。

第一，选派出国。选派优秀的双语教师去国外接受专门的双语教学培训，这些双语教师可与外国教师共同参与外国的双语教学研究活动和科研项目，直接感受国外的双语教学运行机制。甚至直接住进国外的高校双语教师的家中，深入了解国外的双语教学教师，感触多元文化。这种双语教师培训模式的优点是不仅可以直接有效地提高双语教师的英语语言水平与语言教学技能技巧，还能够使双语教师学习到先进的双语教学理念、教学方法，了解多元文化与地道的英语表达方式。

---

① 王晓燕：《双语教育教学的基本理论研究——兼评"双语教育与双语教学"》，载《中国高校研究》2017 年第 10 期。

第二,校际交流。尽管国内高校双语教学总体处于探索的起步阶段,但一些国家重点院校及部分专业名校由于政策、师资、生源、地缘等方面的优势,双语教学起步较早,已经积累一定的教学经验,因而可以派本校教师前往上述院校,按双语教学的专业及课程进行访学或进修,采取随堂听课、评课、座谈、研讨会等方式学习对方的优势,取长补短,改善自身的知识结构。这种培训方式的优点在于形式简单,培训费用较低,具有针对性和情境性,特别适用于培训教学资历浅或者没有双语教学经验的双语教师,能使双语教师短时间内了解到本专业开展双语教学的具体方法、步骤、程序,借鉴优秀前辈的经验教训,避免在未来的双语教学过程中走弯路。①

第三,校内培训。高校双语教师的校内培训以促进双语教师群体与个人的专业发展为宗旨,突出参与培训的双语教师的主体地位,注重分析双语教师的起点水平,为其确立相应的培训目标。整个培训过程应始终保持对双语教师自身经验的总结与升华的关注,鼓励双语教师在参与中不断进行自我反思,发掘自身潜力,提高自身专业素质,积极参与双语教学研究。校内培训的主要内容包括专业知识技能、英语知识技能以及双语教学技巧等,依据培训的主体不同相应地调整培训的形式和内容。

开展双语教学管理工作需要制定有效的激励机制,采取各种有效手段激发双语教师的积极性和主动性,并发挥他们的创造能力,挖掘他们的教学潜力,使高校的双语教学工作得以有效推进,从而提高高校的双语人才培养的质量。双语教学与单语教学相比,教师在教学内容的选择和组织、课件的制作方面,需要付出更多的努力和精力。因此,采取有效措施鼓励高校双语教师开展双语教学课程

① 刘爽:《双语教学存在的问题与对策》,载《辽宁教育研究》2008 年第 2 期。

显得十分重要。应当将对高校双语教学教师的激励制度化，上升到学校政策的高度。学校管理部门应该合理制定激励政策，以吸引和留住优秀的双语教师。在公派出国进修时，适当给予双语教师政策上的倾斜；在职称评定时，各级有关政府部门和高校应该摒弃学科专业的偏见，鼓励教师跨学科申报职称，对外语出身转行的双语教师，给予公平的职称评定平台，只要他们的教学和科研成果符合相关学科的要求，就应当允许他们申报相关学科的职称；在审批教学经费时，应当给予新开设的双语课程经费资助，用于双语教材及参考资料的购买、双语课件的制作等；同时在双语教师授课前、中、后各阶段给予方向性的有力指导，帮助双语教师减轻双语教学带来的心理焦虑和压力，树立双语教师教学的自信心。

二、建立有效的双语教学评估模式

评价是一种对事物的价值作出判断的认知活动，科学的评价对事物发展具有十分重要的引导和促进作用。

对高校双语教师教学胜任力进行评价，不仅能够保证双语教学效果，进一步提升教师课堂教学有效性，而且能使双语教师清楚了解自身素质水平，有利于双语教师的师资队伍建设。[1] 开展双语教学评价的最终目的是要提高双语教学管理的质量，促进双语教学课程的开发与建设，实现人才培养。因此，评价机制应具有较高的区别、判断、反馈、激励的功能，发挥帮助双语教师提高双语教学水平、帮助学生建立起对双语课程学习的自信心和学习的兴趣，并且不断

---

[1] 王树乔：《高校双语教师教学胜任力评价体系建构研究》，载《高校学刊》2016 年第 2 期。

促进双语课程向前发展的作用。

在双语教学评价的过程中,应将结果评价与过程评价相结合,既关注双语教学最终的结果,也关注双语教学实施的过程,发挥两种方式相互补充的作用。同时,应当将双语教学内部人员的评价与双语教学外部人员的评价结合起来,将定性的评价和定量的评价相结合,尽可能地发挥各种评价方式的优势,使评价过程和结果具有真实性、有效性和客观性。最终实现反馈和激励的功能。双语教学评价应以激励为主,注重科学性,并加强教学过程的质量监控。

双语教学的评价机构可由所在学校的教学指导委员会的有关专家和相关学科领域同时具有较高外语水平和教学水平的专家组成。他们可以制定完善的双语教学评价制度并坚持执行,可采取不定期听课、定期召开双语教学师生座谈会、给学生发放调查问卷的形式,对在以上过程中发现的问题及时提出修改意见,对于一些教学质量较差的双语课程应中断。双语教学的评价标准应该以人才培养质量为准,学生在语言、知识、综合素质、实践能力等各方面应当达到的程度应该成为评价的主要标准。

科学的双语教学评价指标体系应该在广泛调查研究的基础上制定,通过召开多种类型的研讨会、座谈会,收集相关的指标信息。在初步拟定指标体系后,进一步确定各个指标的权重,然后再对初拟的指标体系进行理论论证和实践验证。完善评价指标体系是一个长期的动态过程,应该在实践中不断地调整和丰富,使之更加具有科学性、合理性,对双语教学切实发挥出指导和促进的作用。

构建高校科学的双语教学评价体系,建立起良好的双语教学运行机制,是提高双语教学质量的重要保障。它既能使学校及时了解双语教学课程的实施情况,从而有针对性地采取有效的指导和纠正措施,又能使双语教师及时获取双语教学管理部门的反馈信息,对自己的教学过程进行思考和调整，从而提高教学质量、改善教学效果，提高教师对中西文化、中西语言和交叉学科知识等各个方面的综合素质修养。影响双语教学质量的因素是多方面的，"双语教学的质量保证，不可能单靠一种办法完成，它需要依靠由不同种类的多种评价办法构成整体上的综合效应"①。选择合理的评价组合，是完善双语教学质量保障体系的重要环节。构建双语课堂教学质量评价分系统是双语教学质量评价体系的重要组成部分，是双语教学评价主体对课堂教学活动的价值判断。双语课堂教学质量评价主要涉及三个方面：

首先，双语课堂教学质量评价主体的构成。由于不同的评价主体在评价活动过程中的作用和角色不同，对评价结果的准确度与公正度有着不同的影响。因此，在进行课堂教学质量评价时，必须考虑不同主体的评价意见，从学生、同行教师、双语教学管理者三个方面进行全方位评价，尽量将评价的误差降到最小，从而使评价更加合理、准确。

其次，双语课堂教学质量评价的内容。关于双语教学内容的评价，包括双语教学内容是否具有正确性，是否具有先进性，是否紧扣大纲，信息是否充足，重点是否突出。双语教学目的是否明确，双语教学的手段应用是否妥当，双语教学方法是否灵活，能否起到启发和引导的作用，双语教学的教学语言是否简明生动、深入浅出，英汉切换是否流利、自如，是否重视对学生的外语和专业能力的培养。对于双语教学手段的评价，更重要的是强调现代教学手段的运用，如互联网教学、多媒体演示等。关于双语教学效果的评价，可以通

---

① 黄宝强、唐丽娟：《双语教学质量评价指标体系的构建》，载《中国电力教育》2012年第 10 期。

过学生对双语教学内容的掌握程度、对所学内容的实践情况、师生之间的互动是否活跃、学生是否满意、学生的就业情况以及就业单位的反映等方面来衡量。

最后,双语课堂教学质量评价的实施。双语课堂教学质量评价的实施包括确定合适的评价班级、确定合适的评价人数以及确定合适的评价时间。

选择合适的评价班级对评价的正确性起到重要的作用。班风与学生对教师的评价结果有着直接的关系,一名双语教师在教授同一门双语课程的情况下,学风好的班级的评价数据不仅要好于学风差的班级的评价数据,而且具有更高的可信度。学生在评价时,会以对课程是否有兴趣、能否听懂来衡量教学质量高低,比较片面。缺少科学的评价体系和有效的双语教学培养方案及标准,导致部分教师在进行双语教学时更多去迎合学生的兴趣。① 在教师同时承担几个双语班级的双语课程教学任务的情况下,应该选择学风较好的班级对教师课堂的教学质量进行评价;如果教师只承担一个双语班级的双语课程教学任务,那么只能选择该班级对教师课堂的教学质量进行评价,但评价的可信度要参考该班级风气的好坏。

确定合适的评价人数。由于与参与学生评价的人数相比,参与同行教师评价和双语教学管理者评价的人数相对较少,导致评价误差也难免较大。所以,同行教师评价和双语教学管理者评价一般应采用分组多次进行,再取平均值的办法,这样可尽量减少同行教师评价和双语教学管理者评价误差。

双语课堂教学质量评价必须选定一个最佳的评价时机。比如,最佳的评价时机应该是课程进度的中期或中后期。因为在双语教

---

① 张秋平:《推进我国高校双语教学建设研究》,载《对外经贸》2017 年第 11 期。

学课程开设前期评价,学生可能对教师的双语教学的效果特征还没有形成一个全面的认识;在双语教学课程开设的后期评价,学生可能忙于准备期末考试,从而影响评价的效果。

建立双语教学质量评价指标,有必要从教师素质、学生素质、教学过程、教学效果和管理体制五个方面对高校双语课程教学质量进行评价,建立完善而可行的高校双语教学质量评价指标体系。[①]

三、双语教学课程的教材建设

进入 21 世纪以来,我国在高新技术、国际金融和贸易、国际法等领域加快国际化办学步伐,以适应我国加入世贸组织后对金融、法律等专业的人才需求,[②]这些专业能够为我国社会主义市场经济发展提供急需的双语人才,这正是学校在开展双语课程的时候首先考虑的社会需求因素。

教育部 2001 年《关于加强高等学校本科教学工作提高教学质量的若干意见》指出,"本科教育要创造条件使用英语等外语进行公共课和专业课教学"[③],高校在具体实施时要结合所在学校的实际情况和现有资源自行安排。考虑到双语课程与其他课程的衔接性和连贯性,我国高校大学生的英语学习大多集中在大学一年级和二年级的四个学期,从第五个学期开始便没有英语课了,因此,开展双语专业课或公共课教学可以作为有益的补充。

---

① 郭观七等:《高校双语教学质量评价指标体系的构建及评价方法研究》,载《中国电力教育》2013 年第 12 期。
② 尚敏:《高校双语教学的方法探讨》,载《创新教育》2008 年第 12 期。
③ 《关于加强高等学校本科教学工作提高教学质量的若干意见》,教育部网:2001 年 8 月 28 日,http://www.moe.gov.cn/s78/A08/gjs_left/s5664/moe_1623/201001/t20100129_88633.html,访问日期 2020 年 4 月 22 日。

近年来,部分由国内编著的双语教学教材,存在语言不够专业、部分语言比较晦涩的问题。① 相较之下,原版教材语言纯正地道,可以使学生接触到当今国际上最先进的理念和前沿知识,可以使学生更为直接、准确地理解课程的内容,高校可选择性地参考和推荐原版教材。在参考和推荐原版教材时应该注意以下两点:教材内容应当适应中国国情,原版教材中的某些内容有可能与我国国情不相符,甚至是背道而驰的;此外,由于东西方思维方式、教学体系、表达方式也有所不同,有些原版教材的内容具有较强的跳跃性,学生很难适应。② 因此在参考和推荐原版教材时要认真筛选。在双语教学过程中,应不断加强对教材实用性的考察,检验其在教学过程中是否会出现不可预知的问题,为未来选取双语教材提供反馈和参考。双语教学教师也应该在不同阶段,根据自己实际的教学情况判断是否有必要选择相应的中文补充材料。考虑到高校学生的经济承受力以及国外原版教材价格比较贵的情况,要求每个学生都购买国外原版教材是不太现实的,所以在双语教学过程中,可以选择其他的方法,如制作 CAI 课件、影印教材、教师自编教材等。学校相关管理部门也应对双语教学的教材给予相应的支持,以保证双语课程建设的顺利进行。

四、构建优秀双语教师队伍

一支双语专业素质高、深谙双语教学理论及双语教学艺术、科学研究成果颇丰的、具有长期从事双语教学的决心和高尚职业道德

---

① 张秋平:《推进我国高校双语教学建设研究》,载《对外经贸》2017 年第 11 期。
② 萨娜:《我国高校双语教学教材出版存在的问题与对策研究》,载《亚太教育》2015 年第 12 期。

的双语教师队伍，一定能产生优秀的双语教学成绩，创造令人满意的双语教学效果，培养高素质的综合性人才。

双语教学的师资问题是制约双语教学发展的障碍，短时间内解决这个问题并非一件容易的事。从高校双语教师的专业背景来看，他们中一部分是英语专业毕业后，通过强化某一专业知识而上岗的，另一部分是非英语专业毕业而具备较强英语能力的专业课教师，这两种教师在从事双语教学的过程中都存在各自的问题，尤其是在他们从事双语教学的开始阶段。现在的大学教师都经历了十余年传统英语课堂教育，一般来说，非英语专业的双语教师的英语语法、阅读和写作的能力较强，但是在英语的听说能力，尤其是说的能力比较弱。双语教学对授课教师专业知识以及英语水平各方面的能力要求都很高，虽然各高校在培训双语教师方面已经作出很大的努力，但这终究需要一个长期的过程。

学校应采取多种措施，鼓励教师运用双语进行教学，建立一套完善的双语师资培养、选拔、认证制度和一系列的激励制度，通过多重渠道加强双语教学师资队伍的构建。

目前高等教育双语师资培训机制尚未建立。在欧美地区，从事双语教学的教师资质要求较高，不仅有一定的学历和专业要求以及较高的双语交流能力，还须取得教育部门颁发的任职资格证书。我国的双语教学刚刚起步，国内双语教学师资培养还没有形成科学、统一、权威的体系。在我国高等教育界，对双语教学尚无正规系统的培训机制和培养体系，更没有开展双语教学的教师资格认证，从而降低了双语师资实现自身可持续发展的可能。

就目前看来，双语教学的师资来源可以通过以下三种途径得以扩充。首先，在高校研究生中储备人才。高等学校是师资培养的基地，但是由于双语教学对教师的能力和水平有很高的要求，本科生的学历显然不能满足高校双语教师的要求,因此,双语教师的储备范围主要是研究生。学校可以鼓励有志于从事双语教学的研究生通过主修或辅修的方式培养双语教师。例如,鼓励外语专业的学生选择非外语专业的某一感兴趣的学科作为自己的辅修课程,或鼓励非外语专业的学生选择外语作为自己的辅修课程,让优秀的研究生源源不断地充实到高校双语师资的队伍,这是高等学校培养双语师资的一个途径。

其次,聘请外籍教师执教。新加坡在推广双语教学的过程中,在外籍师资引入方面积累成功的经验。新加坡国立大学的教师将近一半来自欧洲、美国、澳大利亚的著名学府。[①] 国内高校虽有邀请外国专家做示范性讲学的实践,但这与以往聘请外教讲授语言课程性质是不同的。有条件的高校可以让学科教师和外籍教师互相配合,组成搭档,共同实施双语教学。促进我国高等教育与国际更好地接轨。

最后,向社会公开招聘,以优惠的待遇引进留学回国人员。学校可以采取特殊政策吸引、招聘归国留学人员来校任教,作为教师储备。近年来,在教育国际化理念的指导下,国内高校每年送到欧美发达国家考察、进修和访学的人员不断增加,应该充分发挥出国留学回国人员的作用,选拔出一批有长期出国经历且教学经验丰富的教师组成双语教学的骨干队伍,积极开展双语示范教学。

五、案例:"国际组织与国际合作"双语课程建设

当今国际组织的发展日趋多元化,条约性的国际组织、论坛性的国际组织、政府间国际组织、国际非政府组织以及其他国际行为

---

① 俞毓、金彦:《新加坡双语教学模式对我国高校双语教学的启示》,载《长江丛刊》2019年第2期。

体在全球治理中发挥各自不同的作用,影响国际合作的开展。[①] 中国越来越走近世界舞台中心,中国参与全球治理的能力也不断提高,当今许多国际组织都有中国各界人士的参与,中国参与解决全球性问题的作用日益凸显。

本人在同济大学面向学校所有专业研究生开设的双语教学"国际组织与国际合作"课程,有助于研究生了解和掌握国际组织与其他各行为体互动的历史与现状,培养学生研究国际组织与国际合作的学术兴趣,发展学生研究国际组织与国际合作的能力,并通过国际组织与国际合作研究,加深对当代国际秩序演变的认识,为研究生参与国际组织建设提供学理支撑。多年来的教学实践证明,"国际组织与国际合作"双语教学课程覆盖的不仅仅是国际政治专业的研究生,海洋、外语、思政、经管、城市规划等专业的研究生都对这门课程青睐有加。

国际组织与国际合作在全球治理中的功能日益凸显,在全球政治、经济、安全治理、地区和平与安全、区域经济发展方面发挥了重要作用。[②] 联合国、欧盟、亚太经合组织、东盟、阿拉伯国家联盟、非洲统一组织、上海合作组织、美洲国家组织等在当代国际秩序演变进程发挥了举足轻重的影响力。"国际组织研究从研究国际关系探讨的一个具体方向发展到一种研究国际政治的一般性方式,产生了大量有影响的研究成果。"[③]"国际组织与国际合作"双语课程的教

① Pevehouse, J. C. W. & Goldstein, J. S., *International Relations*, 12th Edition, New York: Pearson, 2021, p.243.

② Karns, M. P., Mingst, K. A. & Stiles K. W., *International Organizations: The Politics and Processes of Global Governance*, London: Lynne Rienner Publishers, 2015.

③ 秦亚青:《国际组织理论的发展脉络与研究重心——〈国际组织与全球治理读本〉导读》,载[美]弗里德里克·克拉托赫维尔、爱德华·曼斯菲尔德主编:《国际组织与全球治理读本》(第2版),北京:北京大学出版社2007年版,第1页。

学宗旨就是要通过教学使学生对国际组织、国际规范、国际制度、国际合作等一系列概念有比较清楚的理解;对国际关系理论变迁对当代国际组织发展的影响,尤其是关于现实主义和自由制度主义对国际组织与国际合作发展的影响,进行深入探讨。研究国际组织的目的是实现更好的国际合作,在当今百年未有之大变局时代,国际合作尤其重要,只有通过国际合作才能实现国际秩序的可持续稳定。

"国际组织与国际合作"课程侧重于从一般层面分析和理解国际组织的运行规律、决策规则、组织特征等事项,而不讨论具体的国际组织的日常运作,也不详细考察国际组织在特定治理领域发挥的作用和功能。通过阅读经典理论文献,使学习者系统了解有关国际组织的相关理论解释,并反思诸多理论传统的解释力及其不足。本课程以精读中外文文献为主,每周的课程选择若干篇文献,分别由两位同学主讲,其他同学参与讨论。每篇文献的阅读理解针对以下问题:第一,作者提出的核心问题是什么? 这一问题是怎么提出来的? 核心问题有研究价值吗? 其结论是什么? 第二,针对提出的问题,作者的解释路径是什么? 作者的解释是否有新意? 第三,作者是如何比较自己的新解释与既有解释的优劣? 第四,作者对提出的概念是如何定义的? 基本概念之间的关系为何? 作者是如何对概念进行操作化的? 第五,针对作者的整个研究,阅读文献后我们能发现哪些新的知识增长点、新的研究问题?

"国际组织与国际合作"是同济大学推进国际化教学进程中面向不同专业研究生的一门创新课程。课程开设的目的是要求学生了解和掌握国际组织与国际合作的基本内容,熟悉和研究国际组织与国际合作在全球治理中的地位和作用,具体而言,是国际组织在解决危机与冲突、构建国际贸易机制、推进世界经济一体化进程中所起的作用等。

以精品课建设为导向的"比较政治制度"课程教学改革探索

徐 红

【内容提要】 精品课程建设是教育部"高等学校教学质量与教学改革工程"的重要组成部分,课程建设目标应该与学校定位相适应,与特定的人才培养目标相匹配,与社会需求相吻合。在大学本科教学中建设精品课程,需要严格按照"五个一流"的建设要求来执行。"比较政治制度"这门课程,是本着让更多大学生认识和了解西方国家政治制度而开设的,几年来,课程组本着精品课程建设的相关目标和要求,着手从六个方面开展教学改革探索,包括教学设计、教学方法、教学团队、教材建设、教学质量评价和课程网站建设等,期待通过不懈努力,能够在这些方面取得突破,为精品课程建设创造良好的条件。

【关键词】 精品课建设 比较政治制度 课程教学改革

【作者简介】 徐红,同济大学政治与国际关系学院教授,博士生导师。

党的二十大提出到 2035 年建成教育强国的宏伟目标,强调教育是国之大计、党之大计。培养什么人、怎样培养人、为谁培养人是教育的根本问题。要坚持以人民为中心发展教育，加快建设高质量教育体系，发展素质教育，促进教育公平。要完善学校管理和教育评价体系，健全学校家庭社会育人机制。① 这为我国今后十多年高等教育发展指明了方向。

《国家中长期教育改革和发展规划纲要（2010—2020 年）》实施以来，我国教育改革发展明显加速，服务经济社会发展的能力大大增强，与国际教育先进水平的差距不断缩小，为基本实现教育现代化奠定了坚实基础。教育是民生之首，如果教育不能按时基本实现现代化的目标，就会直接影响小康社会的全面建成。也就是说，在国家现代化建设战略布局中，教育现代化之所以要走在前面，是因为教育具有基础性、先导性、全局性作用。如果教育不能率先实现现代化，就会影响社会主义现代化的进程。高等学校一定要站在实现"两个一百年"奋斗目标和中华民族伟大复兴的战略高度，从认识、适应和引领经济发展新常态的国家大局，深刻理解加快推进教育现代化的重大意义。

发展高等教育离不开优秀教育资源的共享。2003 年，为了进一步推进我国高等教育的人才培养工作，改进人才培养模式，促使我国高等教育与国际接轨，教育部专门下发通知，正式启动高校的精品课程建设工作。② 2013 年以来，我国高等教育精品课程建设工作力度不断增强。③ 根据管理部门不同，精品课程被划分为校级、

---

① 习近平：《高举中国特色社会主义伟大旗帜，为全面建设社会主义现代化国家而团结奋斗——在中国共产党第二十次全国代表大会上的报告》，北京：人民出版社2022 年版，第 34 页。

② 吴炎：《国家级精品课程建设的问题研究——以 A 大学国家级精品课程为例》，安徽师范大学 2013 年硕士学位论文。

③ 胡雅甜：《全球经济背景下高教精品课程资源共建共享的相关分析》，载《教育经济》2019 年第 3 期，第 244—245 页。

省级和国家级三个等级,申报负责人的职称要求相应的依次是讲师、副教授、教授。国家级精品课程作为三类中最高级别,将更大程度地发挥示范辐射效应,引领全国精品课程建设质量的提高。此后,全国高校在国家政策引导下纷纷开始投入精品课程建设。近年来,高校精品课程像雨后春笋般地涌现,高校一线教师日益重视精品课程建设,在此过程中开展的课程教学改革举措大大提高了高等教育的教学水平和教学质量。

为了更好地促进本科精品课程建设,本文拟从高校精品课程建设的目的和意义谈起,分析建设精品课程对本科课程提出的教学改革要求,并结合课程组多年来承担的本科生"比较政治制度"课程教学情况,探讨以精品课建设为导向的课程教学改革策略。

一、高校精品课程建设的意义及课程特征

精品课程建设是教育部"高等学校教学质量与教学改革工程"的重要组成部分,课程建设目标应该与学校定位相适应,与特定的人才培养目标相匹配,与社会需求相吻合。① 在教育部召开的"千门精品课程上网络,打造高教新质量"新闻发布会上,原教育部副部长、原同济大学校长吴启迪教授首次提出"五个一流"的表述,即精品课程作为一种具有示范意义的高水准课程,应该具有一流的教师队伍、一流的教学管理、一流的教学内容、一流的教材、一流的教学方法。② 也就是说,精品课程是集教育理念、教师队伍、教学内容、

---

① 侯治富、金祥雷等:《精品课程建设目标及实现途径的研究与实践》,载《中国大学教学》2006年第1期,第21—23页。
② 王志蔚:《近年来高校"精品课程"建设研究综述》,载《淮北煤炭师范学院学报(哲学社会科学版)》2006年第6期,第171—174页。

教学方法和手段、教学制度于一体的整体建设,是一项复杂的系统工程,是将面向高校的本科生、研究生的课程资源如教学大纲、实验指导、教案、习题等,通过课堂和网络进行发布与共享的一种崭新的形式。精品课程之所以冠以"精品"之名,是因为这些课程具有一些基本特征。

（一）课程文化具有先进性

所谓课程文化,就是课程体现的价值和理念,能够对学生产生重要的指导性意义。课程文化是课程赖以生存和发展的基础和动力,先进的课程文化是精品课程的重要组成部分及应该具有的重要特质。精品课程必须突出在育人方面的重要价值,应该在课程体系和人才培养体系中具有特殊的地位和作用,在课程团队的发展上具有很强的导向性、支撑性和拉动性。先进的课程理念是创建精品课程的理性追求,应与高素质人才培养目标互联,与现代高等教育发展互动,与教学改革创新互通,形成具有系统化、信息化、开放化、综合化、未来化的课程理念体系。①

（二）课程目标具有科学性

科学的课程目标是由总体目标和子目标组合而成的一个目标体系,是课程设计、系统配置、优化运行、有效控制的主要依据。总体目标是人才培养力图达到的最终标准和综合要求;子目标是为实现总体目标力图达到的知识、能力、素质培养等方面的专项标准和要求。人才培养的总体目标定位要准确,充分体现课程价值取向、人才培养目标指向和课程创新方向。子目标应全面准确,宏观上体

---

① 齐胤淞等:《精品课程的主要特征》,载《文学教育》2019 年第 4 期,第 25 页。

现课程对培养知识、能力、素质功能的总体要求;微观上体现课程在不同领域对知识、能力、素质培养的具体要求。①

（三）课程内容具有系统性

精品课程的授课内容应该具有现代系统结构和整体功能,具有逻辑清晰、结构完整、链接科学的重要特征。课程的数据资料应该做到图文与音像并重,网络和课堂相融,课堂讲授与课外实践相结合,能够培养学生全面掌握课程内涵和相关信息渠道,具有知识与能力并重的综合性、系统性特征。

高校精品课程建设的主要目的,是解决高等教育资源不足与教育需求不断增长的矛盾,推进我国高等教育改革不断深化,改进我国高等教育的人才培养模式,提升高等院校的教育教学质量。通过开展国家级、省级和校级精品课程建设,可以催生一大批优秀的课程精品,借助网络共享来实现精品课程巨大的内在价值。精品课程建设不仅有助于高校学生通过优质教学资源更好地学习和掌握科学文化知识,有效提高学生的综合素质;还可以促进高校教师之间通过借鉴学习,发现自身在教学方面存在的不足,从而改变教学理念,实现教学方法和教学模式的创新。

二、建设精品课程对本科教学提出的要求

在大学本科教学中建设精品课程,需要严格按照"五个一流"的建设要求来执行。"一流的教师队伍"要求建立一支由主讲教授负责的,教学水平高,人员结构合理、稳定的人才队伍;"一流的教学内

---

① 齐胤淞等:《精品课程的主要特征》,载《文学教育》2019 年第 4 期,第 25 页。

容"要求建设一套科学、先进、新颖且吸引学生的精品课程教学内容;"一流的教材"要求建设一套超出一般水平的、充分借助多媒体、音像资料等既实用又完善的精品教材;"一流的教学方法"要求创新课程的教学方法,采用师生互动、探究学习和合作交流等方式,鼓励学生积极参与课堂教学过程;"一流的教学管理"要求高校建立起一套全新的教学质量评价机制和评价方式,形成科学合理的教学评价体系和教学激励机制,鼓励更多教师开展精品课程建设,努力提高本科教学质量。

大学本科教学中存在的一些普遍性问题,对提高教学质量提出了如下要求。

(一)教师队伍建设质量及青年教师培养有待加强

高等学校普遍存在以科研成果决定职称评定的现象,部分教授不愿意承担本科生教学工作,许多基础课程和专业课程主要由副教授和讲师承担。某些教师因多年讲授某一门特定课程,自认为对教学内容已经非常熟悉,不愿意更新教学内容和采用新的教学方法,满足于"炒冷饭"。不少课程长期以来只有一位教师授课,未组建起有效的教学团队,不但缺乏经验丰富的课程负责人,而且现有师资力量不足或青年教师缺乏教学经验,使课程质量始终无法有新的突破。

(二)本科课程与教学资源建设脱节有待改善

众所周知,优质的教育课程资源是课程建设的重要支撑,也是提高课程质量的重要基础。课程建设涉及的主要资源包括:教学大纲、教学课件、课程重点与难点解析、课程习题、课程案例、参考文献、阅读资料等,从本科教学实践看,不少高校强调每门课程必须提供教学大纲,但对教学课件和课程习题等要求就不够统一。从实际教学活动看,课程资源建设远远没有得到应有的重视,教学态度认真的教师往往备课充分,能给学生提供大量课程案例和阅读资料等,帮助学生更好地掌握课程学习内容;但教学态度不够认真的教师就只会拿着教材照本宣科,学生的学习只能围绕着听课、做题、考试的固定程式进行,久而久之,学生的眼界和开拓性会受到一定程度的抑制。

（三）教材建设有待系统完善

提高本科教学质量的关键,除了好的教师之外,好的教材也是重要的决定因素,优秀的教材能够帮助教师和学生系统地了解本研究领域的学术发展脉络和最新的成果,帮助学生系统地掌握某一领域的知识,提升发现问题和解决问题的能力。在人类社会进入 21 世纪以后,随着知识经济时代和信息爆炸时代的到来,各种知识的更新速度日益加快,信息传播渠道日益多样化、便捷化,各种新思想、新观点、新理念层出不穷,由于教材具有一定的编写周期,在高速发展的时代就会显示出相对滞后性,导致新的知识内容不能及时呈现,教材内容陈旧而缺乏时代气息,不利于学生的创造性和自主学习能力的提升。

（四）教学方法和教学手段有待丰富

传统的本科教学采用的是以课堂讲授为主的教学方式,教师讲、学生听成为课堂教学方法的主流。学生无法积极主动地参与教学活动过程,教师也无法准确地了解学生是否已掌握所学的知识。这与新时代"以学生为本"的教育理念不相吻合,应该采用全新的教学手段,让学生在课堂上与教师加强互动,积极参与教学活动过程,从而更好地培养学生的分析能力、表达能力和创新能力。

针对这些问题,高校本科教学开展精品课程建设就显得十分重要。好的精品课程能够产生良好的示范效应,帮助本科教学逐步摆脱传统的、被动的教学模式,让从事本科教学的教师在学习和互鉴中发现自身在教学方面的不足,学习更好的教学方法,采用更加新颖有效的教学手段,让互动式教学成为师生共同探索学术问题的有效平台,从而更好地激发本科生的学习热情,让他们更多地开展课外阅读,努力扩大知识面,更好地打下扎实的理论基础。

三、"比较政治制度"课程的内容与教学现状

对于出生在 21 世纪的年轻人来说,学习和了解世界各国的政治、经济和文化状况,懂得以全球视野看待我们所处的自然和社会环境是一个基本的素质要求。"比较政治制度"这门课程,就是本着让更多大学生认识和了解西方国家政治制度的宗旨而开设的。课程组从 1997 年起在同济大学本科生中开设"比较政治制度"公共选修课,20 多年来,几千名理工科专业的本科生通过选修这门课程,了解世界各国政治制度的基本状况,为培养国际政治方面的综合素养打下很好的基础。本课程被评为同济大学通识教育精品课程,是该课程得到学校和学生认可的重要体现。

对于同济大学政治与国际关系学院政治学和行政学专业的本科生来说,通过学习,对西方各国政治制度的基本状况有所了解,学会分析比较这些国家政治制度的基本结构和运行机制,有助于真正理解各国国情对政治体制产生的重要影响,对进一步拓展国际视野,深入进行比较政治学和国际关系理论的学习和研究有着极为重要的作用。这门课程着重对主要西方发达国家的元首制度、议会制度、政府制度、政党制度、选举制度等进行专题介绍,努力探讨各国政治制度的共性和各具特色的个性,逐渐培养起学生对政治学和国

际政治的兴趣,从而确立一种以崭新的国际视野看待人类现实生活的自觉意识。①

世界各国形态各异的政治制度,是与各国不同的国情密切相关的,通过对各种政治制度的分析和比较,学生可以对中国的国情有更加深刻的认识,更加清楚地意识到在中国共产党的领导下,走中国式现代化道路的历史必然性;并对中国式社会主义政治制度的重要特点有清晰的了解。同时,通过学习,能够让学生清楚地认识到,西方国家的政治制度是现代西方文明的重要组成部分,应该以科学的态度去分析和看待西方国家政府处理其政治、经济和社会事务的各种政策以及法律法规的制定与实施过程,认识到各国现行政体的确立都经过了漫长的历史发展过程,都带有鲜明的本国特色,是人类制度文明的重要结晶。只有适合本国情况的制度,才是最好的制度。② 在学习和研究的过程中,学生应该注意思考和探讨西方国家政治制度中存在的那些有效的管理模式和治理手段,从而更好地为我国的改革开放事业服务,为实现中华民族伟大复兴服务。

"比较政治制度"课程本科教学的基本对象分为三部分:一是新生院济世学堂社会科学试验班的大一学生,涉及专业包括法学、政治学与行政学;二是政治学与行政学专业的大二学生,本课程是他们的专业必修课;三是全校本科生中不限专业、选修"比较政治制度"通识教育课的学生,每学期都有50多位学生选修此课程。

"比较政治制度"课程专业基础课和专业课为2学分,通识教育课为1.5学分,每周安排2节课,每学期34学时,课程教学量适中。

---

① 徐红、赵萍丽、杨士忠:《比较政治制度》(第3版),上海:同济大学出版社2015年版,第1页。

② 曹沛霖、陈明明、唐亚林:《比较政治制度》,北京:高等教育出版社2020年版,第3页。

本课程运用多媒体教学方式,采用教师讲授和学生讨论相结合的方式进行教学。十多年来,课程组主讲教师在专业课教学中采用"任务驱动型教学法"进行课程教学改革,取得很好的成效,学生的学习兴趣大大提升,教学成效显著。该课程 2017 年获评上海高校市级重点课程建设项目,在两年建设期中摸索出一套行之有效的本科教学方法,取得优秀的结项评价结果。此外,2017 年,"比较政治制度"课程还入选上海市课程思政教育教学改革建设项目,课程组教师积极探讨把思政内容融入课程教学过程,着重培养学生的爱国主义情怀和全球视野,取得较好的成效。具体的思政教育改革内容包括:第一,在"比较政治制度"课程的教学安排中,增加有关马克思主义政治学理论内容,指导学生对政治制度相关理论进行学理性分析,使学生深入了解马克思主义理论在政治制度研究领域的重要意义。第二,通过对主要西方国家政治制度的比较研究,使学生明白各国政治制度的构建有着深厚的国情基础。在比较研究的过程中,通过教师的引导性讲解,使学生在课堂上对中外政治制度进行深入的比较分析,从而更加深刻地理解中国共产党领导下的中国特色社会主义政治制度的历史意义及其对中国历史发展所产生的重要指导作用。通过学习和讨论,使学生对推进中国特色社会主义政治制度的发展产生更加坚定的信念。第三,本课程的教学以培养高层次、国际化专业人才为目标,通过课堂教学,使学生牢固树立扎根中国大地,开拓全球视野,成为国家未来建设栋梁之材的远大抱负。基于此,2022 年本课程入选上海市一流本科课程。

四、"比较政治制度"课程的教学改革探索

几年来,课程组本着精品课程建设的相关目标和要求,着手从

以下六个方面开展教学改革探索,期待能够在某些方面取得突破,为精品课程建设创造良好的条件。

（一）教学设计

教学设计是根据课程标准的要求和教学对象的特点,将教学诸要素有序安排,确定合适的教学方案的设想和计划,一般包括教学目标、教学重点和难点、教学方法、教学步骤与时间分配等环节。加涅曾把教学设计界定为:"教学设计是一个系统化规划教学系统的过程。教学系统本身是对资源和程序做出有利于学习的安排。任何组织机构,如果其旨在开发人的才能均可以被包括在教学系统中。"①教学设计是一项系统工程,由教学目标和教学对象的分析、教学内容和方法的选择以及教学评估等子系统组成,各子系统既相对独立,又相互依存、相互制约,组成一个有机的整体。各子系统的功能并不等价,其中教学目标起指导其他子系统的作用。同时,教学设计应立足于整体,每个子系统应协调于整个教学系统中,做到整体与部分辩证地统一,系统的分析与系统的综合有机结合,最终达到教学系统的整体优化。教学设计要成为现实,必须具备两个可行性条件。一是符合主客观条件。主观条件应考虑学生的年龄特点、已有知识基础和师资水平;客观条件应考虑教学设备、地区差异等因素。二是具有操作性,即教学设计应能指导具体的实践。

在课程教学设计中,教学大纲的撰写发挥着核心作用。教学大纲是根据学科内容及其体系和教学计划的要求编写的教学指导文件,它以纲要的形式规定了课程的教学目的、任务,知识、技能的范

———————————

① ［美］加涅等:《教学设计原理》,王小明等译,上海:华东师范大学出版社2007年版。

围、深度与体系结构,教学进度和教学方法的基本要求。它是编写教材和进行教学工作的主要依据,也是检查学生学业成绩和评估教师教学质量的重要准则。"比较政治制度"课程的教学大纲分为教学目的、教学任务、课程结构体系、学期教学进度及每一周课堂教学的具体内容。任课教师以系统和连贯的形式,按照章节、课题和条目叙述本课程的主要内容。课程教学大纲同时也根据教学计划,规定每个学生必须掌握的理论知识、实际技能和基本技能,这些都在课程作业和考试环节加以体现。

作为精品课程建设的重要环节,教学大纲的撰写需要投入很大的力量加以完善和创新。根据新时代教书育人的要求,教学大纲中要体现课程思政的重要理念,帮助学生通过课程教学感受到思想品德方面的提升。有了这些课程思政要求后,任课教师可以更有针对性地撰写授课提纲,增加思政方面的内容,鼓励学生通过学习和讨论更好地学习和掌握"比较政治制度"课程的教学目标和教学任务。

(二) 教学方法

教学方法是教学过程中教师与学生为实现教学目的和教学任务要求,在教学活动中采取的行为方式的总称。教学方法的内在本质特点包括:第一,教学方法体现了特定的教育和教学的价值观念,它指向实现特定的教学目标要求;第二,教学方法受到特定的教学内容的制约;第三,教学方法受到具体的教学组织形式的影响和制约。[1] 大学本科教育的教学方法长期以来采用以教师讲授为主,辅之以课堂讨论的方式。有些教师喜欢"满堂灌",就是上课基本都在讲解教材内容,甚至是读讲义;学生抬头看板书、低头看教材,常常忙着

---

[1]　胡庆芳:《优化课堂教学:方法与实践》,北京:中国人民大学出版社 2014 年版。

记笔记而无暇顾及自己是否确实已听懂教师讲的内容,往往只能到下课后自己复习时再慢慢咀嚼与消化教师讲课的内容。这种教学方式有利于学生学会重要的理论和知识,但课堂上师生互动性差,授课形式比较呆板,不够活跃,对本科生来说显得单调,课程的吸引力不够。

有些教师喜欢采用课堂讨论的方式授课,有时一节课的绝大多数时间都是学生在讲,教师总结的时间有时不到总课时的五分之一。其实本科教学还是在给学生打基础,如果在学生对基本课程内容不很了解的基础上盲目开展讨论,会使学生把握不住基本的知识点,关注的重点偏离教学目标;讨论得出的结论虽然对大家都很有启发,但讨论结束后学生会感觉学到的东西并不多。此外,课堂讨论法有一个最大的问题,就是发言者往往集中在某些较为固定的学生中,一些不善表达或不愿在课堂上表达意见的学生就变成课堂讨论边缘化的对象,长此以往,对学生整体掌握知识有不利的影响。

为了更好地推进"比较政治制度"的精品课程建设,课程组教师通过多年的实践和摸索,采用"任务驱动教学法"作为主要的教学方式,取得不错的效果。任务驱动型教学法就是教师给学生布置探究性的学习任务,让每位学生通过查阅资料,对知识体系进行整理,再选出代表或每个人都在课堂上进行讲解,最后由教师进行总结。[①]任务驱动教学法可以以小组为单位进行,也可以以个人为单位组织进行,它要求教师布置任务要具体,其他学生要积极提问,以达到共同学习的目的。任务驱动教学法可以让学生在完成任务的过程中,培养分析问题、解决问题的能力,培养学生独立探索及合作精神。[②]

[①] Willis, J., *A Framework for Task - Based Learning*, Edinburgh: Longman, 1996.

[②] 郭绍青:《任务驱动教学法的内涵》,载《中国电化教育》2006 年第 7 期,第 57—59 页。

　　"比较政治制度"课程采用的任务驱动教学法可以分为以下步骤：第一，制定基本教学计划安排；第二，针对学生实际，设计学生应该完成的主要教学任务板块；第三，由学生自愿组成不同的团队，选择特定的教学任务进行课外准备，并收集资料完成课程电子幻灯片（PPT）的制作；第四，课堂上，学生上台对教师和全班学生进行课程 PPT 的讲解，并回答师生提出的各种问题；第五，采用广泛的课堂讨论充分交流意见，帮助学生完成所分配的教学任务；第六，收集学生的 PPT 资料，进行总体展示和总结，对任务型驱动法的实际效果进行评估。

　　"比较政治制度"课堂讨论与师生互动比较活跃，学生都能在第一堂课上了解本小组在本学期承担的任务，在小组讨论中获知本人具体的研究任务，并通过学习和收集资料、制作 PPT 等方式完成所承担的任务。通过这样一个完整的循环，学生都能在课堂学习中积极地投入，更好地完成学习任务，学习效果比原有教学方法有较大提高。

　　（三）教学团队

　　精品课程建设的关键要点是教师，推进精品课程建设离不开一支训练有素的高水平教师队伍。课程负责人和主讲教师需要具备品德高尚、经验丰富、教学能力强、综合素养高、学术造诣深厚等特点。同时，精品课程建设还需要有一支责任心强，具有良好的团队意识和协作能力的教学团队，最好老中青三代教师兼备，能够互帮互学，经常对教学内容进行分析和探讨，交流课堂教学经验，寻找最好的教学方式和教学体验。

　　"比较政治制度"课程在二十多年的教学过程中，逐渐培育出一支综合素质高、学术能力强的教学团队，由一名教授、一名副教授和一名讲师组成,年龄和职称分布较为恰当。课程负责人具有三十年从教经验,是同济大学最早开设"比较政治制度"课程的教师,不但分别在经济与管理学院行政管理专业和政治与国际关系学院政治学与行政学专业任教,还在 1997 年以后面向全体同济大学本科生开设"比较政治制度"公共选修课程,在网络和继续教育学院开设比较政治制度网络和成人高等教育课程,二十多年来为几千名学生上过此课,曾因讲授此课程获得同济大学"名课优师"称号。主讲教师中一位多年在专业课程和全校公共通识课中讲授"比较政治制度"课程,曾因讲授此课程获得同济大学首届"名课优师"称号,为该课程获得同济大学通识教育精品课程和同济大学教学成果三等奖做出重要贡献;另一位多年从事"比较政治制度"公共选修课、通识教育课、网络和成人高等教育课程的教学工作,积累了丰富的教学经验,受到听课学生的好评。从目前情况看,建设"比较政治制度"精品课程的教学团队组成较为精干,教学经验丰富,合作交流气氛很好,有利于推进该课程在现有基础上更上一层楼。

(四)教材建设

同济大学"比较政治制度"课程采用教学团队自编的《比较政治制度》教材,2004 年在同济出版社出版课程负责人独著的《比较政治制度》第 1 版,6 000 多本售罄;2009 年,课程组三位老师合作出版《比较政治制度》第 2 版,印数超 15 000 本,全部售完,该教材成为国内许多高校政治学和行政学专业,以及行政管理专业课程用书;2015 年,课程组三位老师出版《比较政治制度》第 3 版,该教材获得2016 年同济大学优秀本科教材二等奖,在网上同名图书销售榜上始终名列前三,印数超过 12 500 本,受到许多高校教师和学生的欢迎。2022 年 12 月,《比较政治制度》第 4 版出版,该教材在保留教材基本结构的基础上,补充了更多的新资料,能帮助本科生更好地了解比较政治制度的基本理论、国别特征和比较研究的主要方法。

《比较政治制度》教材问世 20 年来,始终受到各高校相关专业的青睐。该教材与国内外已出版的同类教材比较,文字更简洁生动,内容、资料和图片更丰富多样,更贴近读者的需求,具有很强的可读性,一直受到各类读者的欢迎。因为西方国家政治制度的相关资料具有很强的时效性,所以每隔 5 年左右,教材内容就进行一次大幅度更新,在保留原教材基本框架结构的基础上,补充最新的数据和资料,力求把更多更好的素材和观点写入教材,使教材得到更多师生的欢迎和喜爱。

(五)教学质量评价

"比较政治制度"精品课程建设,有一项重要的任务是教学质量评价,包括两方面内容,一是对学生的学习情况进行评价,主要由任课教师通过课程作业与期终考试,以及让学生提交读书报告和小组作业的形式,综合地了解和评价每一位学生对课程内容的掌握情况,给学生打分;二是由学生对课程的讲授效果做出评估,即由学生通过教学质量评估系统,给授课教师打分,对授课教师的教学质量作总体性的评价。此外,同济大学本科教学质量评估中心还会安排教学督导和学院领导听课,通过不定期的听课方式,随时监测和检验任课教师的教学情况,并通过综合评分的方式对教学质量进行监控。

"比较政治制度"本科生课程的总评分采用结构分制,学生日常出勤率、一份读书报告和平时课堂作业占总评分的 20%;小组作业及课堂讨论 PPT 占总评分的 20%;期终考试采用开卷考试形式,卷面分数占总评分的 60%。这种教学评价方式十分注重学习过程考核,加大过程考核成绩在课程总成绩中的比重。"比较政治制度"课程的教学评价非常重视学生平时的课外阅读,要求每一位学生在一学期中至少阅读3—5本书,并在学期结束时提交一份1 000字左右的读书报告,综合阐述课外阅读的书目、阅读体会和学习心得,学生通过这项任务大大扩展知识面和国际视野,为进一步研究政治学和国际政治学理论打下很好的基础。

本课程教学过程中十分注重小组作业,全班学生分成不同的小组,在组长的组织下系统收集和了解某一国家的国情和政治制度相关材料,团结协作完成小组作业PPT,并在课堂上展示。不少小组在进行课堂展示时分别由小组的每位学生上台讲一个方面的问题,充分调动所有学生的学习积极性,加强团队精神的培育,为学生扩大在研究中学习的能力提供帮助。

(六)课程网站建设

"比较政治制度"课程在建设通识教育精品课时,就通过网络公司的协助,建立课程网站,网站设有教学大纲、教学课件、课程习题、参考书目、学生作业、课程咨询等栏目,由课程组三位老师一同建设,主要把课程涉及的重要教学资源放到线上,让更多的学生通过精品课程建设网站了解课程的内容和教学情况,为建立完善的课程网络资源做好准备。

近年来,网络教学资源建设变得日益重要,有关课程介绍、教学大纲、教学日历、教案或课件、重点难点指导、课程作业、参考资料目录和课程全程教学录像等反映教学活动的资源都需要通过一定方式在课程网站上反映出来。同时,一些拓展性教学资源,如教学案例库、专题讲座库、素材资源库、学科专业论文检索系统、教学演示、虚拟场景、仿真实验实训系统、试题库系统、课程作业系统等都在一些高校逐渐建立起来,这些拓展性教学资源内容充分反映课程特点,补充基本教学资源在教学环节中的不足,能有效加强教学成果的分量,是具有成熟的多样性、交互性的辅助教学资料,是建设精品课程不可缺少的重要内容。对此,课程组还需投入巨大的时间和精力用于教学资源库的建设,以满足精品课程建设所提出的网络化要求。

五、教学改革面临的困难与挑战

"比较政治制度"课程自获得同济大学通识教育精品课程和同济大学校级精品课程以来,在教学改革方面做了很多努力,也取得了不错的效果,被评为2019年度上海高校市级重点课程建设项目,为申报市级精品课程打下了很好的基础。2023年,"比较政治制度"课程获评上海市一流本科课程,为争取更高级别的精品课程创造了条件。目前,本课程的教学改革还面临一些困难与挑战,具体来说主要有三个方面。

(一)教学团队的建设质量有待进一步提高

在精品课程建设的五个一流中,首要的就是有一流的教师队伍,课程负责人应具有丰富的教学经验,熟悉本课程领域国内外学术发展的最新动态,有教学研究和课程改革的能力和成果。但目前"比较政治制度"课程负责人年近六旬,难以投入较多的时间和精力对本课程领域国内外学术发展的最新动态进行跟踪学习,对进行课程改革的创新性想法也较为缺乏。课程组其他两位老师也都有四五十岁,年龄结构上趋于老化,迫切需要引进新鲜血液。因此,提高教学团队的建设质量,首先要尽全力培养青年教师,实现教学团队的年轻化,让青年教师更多参与相关的教改项目和教学研究课题,帮助青年教师不断提高教学水平和学术水平,为进一步完善教学团队的结构创造良好的条件。

(二)未能充分挖掘教学资源的潜力

精品课程需要符合先进性、趣味性、科学性和发展性的要求,同时要把本学科最新的研究成果体现在课堂教学中,善于总结和吸收其他先进教学经验。从"比较政治制度"精品课程建设情况看,课程资源建设并没有得到课程组足够的重视,课程资源的提供渠道和提供方式远远满足不了精品课程建设的要求,特别是缺乏最新技术手段的运用,使许多优秀的教学资源未能充分发挥作用。比如说,懂信息技术、能够熟练运用多媒体教学设施的年轻教师往往缺乏教学知识,难以挑大梁;而教学经验丰富的老教师又缺乏熟练运用多媒体信息技术的能力。"比较政治制度"课程组近年来也建设了精品课网站,但网页不够美观,内容呈现形式单一呆板,网页板块不够灵活,这与课程组缺乏既懂教学,又懂信息技术的人才有关。此外,精品课程建设过程中,即使开发了网络资源,有了教学视频等内容,也往往受到"以教师为中心"的传统教学法的影响,比较强调教师课程内容的呈现,而忽视了学生主体作用的发挥,忽视了师生间的课堂互动过程,在教学资源的运用中也无法取得创新和突破。

(三)教学方法未能取得根本性的突破

教学方法是实现课程改革与建设的重中之重,随着现代科学技术和经济社会的不断发展,教学方法和教学手段在教学中扮演着越来越重要的角色,也对教师的教学能力提出了全新的挑战。如何保证学生在课堂上的主体地位,如何体现"以学生为本"的教学思想,促使学生积极主动地参与教学活动过程,培养学生的表达能力和分析概括能力,是摆在课题组面前一项极为紧迫的任务。"比较政治制度"课程近年来采用任务驱动教学法,在一定程度上促使学生通过小组作业与课堂展示的方式,积极参与课堂互动,但仍有部分学生存在"搭便车"的情况,对课程内容的参与不够积极,在小组作业中付出的努力较为有限,结果是课堂参与积极的学生成绩极为优秀,课堂参与消极的学生成绩则较差,呈现明显的两极分化现象。这对课程组老师未来的教学方法和教学手段的探索提出全新的要求。

六、结论与展望

党的二十大报告指出,教育、科技、人才是全面建设社会主义现代化国家的基础性、战略性支撑。我们要坚持教育优先发展、科技自立自强、人才引领驱动,加快建设教育强国、科技强国、人才强国,坚持为党育人、为国育才,全面提高人才自主培养质量,着力造就拔尖创新人才,聚天下英才而用之。[①] 作为高等学校教师,我们的使命何等光荣,肩负的责任又何等重要。需要一代代人的接续奋斗,才能不断积累成熟且优秀的教学资源,才能为建设教育强国做出贡献,为此,课程组老师将不断总结经验,力争在精品课建设过程中有新的突破。

目前,以精品课建设为导向的"比较政治制度"课程教学改革已经推进六年多,课程组三位老师共同努力,使"比较政治制度精品课程建设"项目获得 2019 年度同济大学教学成果三等奖,以徐红老师

---

① 习近平:《高举中国特色社会主义伟大旗帜,为全面建设社会主义现代化国家而团结奋斗——在中国共产党第二十次全国代表大会上的报告》,北京:人民出版社2022 年版,第 33—34 页。

为首的政治学与行政学教学团队获得 2021 年度同济大学教学成果二等奖,"比较政治制度"课程获评 2021 年度上海高校党史学习教育与课程相融合示范课程(全上海共 100 门),并于 2023 年获评上海市一流本科课程。

　　虽然本课程的建设取得一些成绩,但对照建设更高级别精品课程的重要目标,还需要付出更多努力。在未来,课程组将组建全新的教学团队,吸引青年教师进入课程组,积极探索新的教学方法和教学手段,努力建设精品课程网站,加强师生课堂互动,运用更多更新的教学资源提高教学质量,采用更加科学的教学评价系统等,在课程教学实践中拓展发展空间。

从修身齐家到治国平天下

——"中国传统治国理政经典精读"的教学理念与课程设计

孙 磊

【内容提要】 随着传统文化的复兴和社会科学本土化的需要,从历史传统资源中构建适合国家治理现代化的政治哲学与政治理论,已成为中国政治思想史教学的新使命。"中国传统治国理政经典精读"课程的教学理念体现为立德树人,推进中华优秀传统政治文化的创造性转化与构建中国本土化的政治学理论。在教学理念上,本课程立足于立德树人和推进中华优秀文化的创造性转化。在课程设计上,本课程选取《尚书》与《礼记》中的著名篇章,带领学生进行文本精读与课堂讨论。

【关键词】 治国理政 经典 《尚书》《礼记》 中国政治思想

【作者简介】 孙磊,同济大学政治与国际关系学院教授、政治学系主任

20世纪90年代开始,中国社会出现传统文化的复兴,中国共

产党在执政文化中彰显儒家理念，提出文化自信与中华文明复兴，学术界也提出中国哲学社会科学的自主性以及构建以中国为本位的哲学社会科学的问题。在此背景下，如何使中国治道传统实现现代转化，如何使其在国家治理现代化中发挥积极有益的作用，已经引发学术界的强烈关注。在中国政治思想史研究中，儒家政治哲学的研究日益升温。在政治科学研究中，历史政治学的研究在中国人民大学历史政治研究中心的推动下，开展得如火如荼。

然而，政治学与行政学本科专业中相应的中国政治思想史教学并没有顺应时代发展的潮流，跟不上学术发展前沿的趋势，在教学内容和教材编写上没有太多新的变化。西方政治思想与政治理论的教学一直重视政治学经典著作阅读，例如"政治学经典著作精读"等课程教学中，燕继荣主编的《西方政治学名著精读》一直受到推荐，但同济大学中国政治思想史学科却一直没有这样的经典精读课程，也没有相关的教材。由此可见，中国政治思想史教学并没有将中国传统治道经典视为能够产生适合当今国家治理的政治学理论的源泉。这说明其并没有摆脱历史主义的思维，仍然仅将传统中国政治思想文献视为历史材料，而不是与当今政治发展密切相关的思想理论著作。

基于此，我在多年研究儒家治道传统的基础上，为政治学与行政学专业本科高年级学生开设了名为"中国传统治国理政经典精读"的专业课程。在此之前，我为全校本科生开设过"论语导读""孟子导读"的选修课程，为研究生开设过"儒家政治哲学专题研究"专业学位课，这些都为开设"中国传统治国理政经典精读"积累了丰富的教学经验。

一、传统中国治国理政的研究与教学特点

　　中华民族有几千年悠久的历史,其政治思维与政治智慧尤其发达。在中国政治文化传统中,治道的思想一以贯之。早在"治道"一词出现以前,孔子删定的《尚书》,就汇集了中华民族寻求优良政治秩序的治理之道。尧舜时期的"天下为公"成为后世国家治理的最高理想,周公的"敬天保民"思想与"制礼作乐"实践成为儒家"礼治"的治理典范。先秦诸子都对治理天下之大道心向往之,因此中国的思想与学术都与"治道"问题密切相关。

　　最早关于治国理政的研究与教学都保留在被称为"六经"的中华经典中。孔子曰:"入其国,其教可知也。其为人也:温柔敦厚,《诗》教也;疏通知远,《书》教也;广博易良,《乐》教也;洁静精微,《易》教也;恭俭庄敬,《礼》教也;属辞比事,《春秋》教也。故《诗》之失,愚;《书》之失,诬;《乐》之失,奢;《易》之失,贼;《礼》之失,烦;《春秋》之失,乱。其为人也:温柔敦厚而不愚,则深于《诗》者也;疏通知远而不诬,则深于《书》者也;广博易良而不奢,则深于《乐》者也;洁静精微而不贼,则深于《易》者也;恭俭庄敬而不烦,则深于《礼》者也;属辞比事而不乱,则深于《春秋》者也。"[1]这段话彰显了中华政治文明政教相维的民族性。六经最初都由古老的王朝史官保存和研习,然后再教给担当未来统治者的王朝贵族子弟。《尚书·尧典》中有"慎徽五典"和舜任命夔作乐教胄子的记载。[2] 虽为王官学,六经却保存了中华政治文明的文明基因和文明密码。春秋时期礼崩乐坏,周

---

① 《礼记·经解》。
② 《尚书·尧典》。

朝德衰,遂有孔子整理六经,杏坛讲学,开了私人讲学的先声。后世几千年,虽然中国政治形态由封建到郡县,经历了诸多变化,但关于治国理政的研究与教学无不是通过研习六经与具体历史而展开。

儒家对于中国传统治国理政思想和实践的影响是支配性的,而儒家又最重视教育。《大学》总结了儒家治国理政的纲领——修身、齐家、治国、平天下。《大学》曰:"自天子以至于庶人,一是皆以修身为本。"①修身是政治的出发点,也是政治的目标。儒家强调反求诸己,任何治理都要先从正己出发,"己所不欲勿施于人"。齐家是在家庭与各种社会关系中学习,即在儒家所说的五伦——君臣、父子、夫妇、兄弟、朋友——中学习如何与他人相处。由修身齐家才能进一步走向治国平天下。治国平天下仍要以絜矩之道为基础,以儒家伦理为基础,辅之以学习历史,以在具体的历史语境中把握经与权的变化。

综上所述,中国传统治国理政的研究与教学具有以下特点:第一,以六经的研读与解释为本,注重化经的常理为君子日常生活的信仰支柱。第二,以历史为参考,注重在历史语境中把握经的常道与权的变道。第三,以反求诸己的修身理念为本,推己及人,注重仁之感通,政治以伦理为先,政治以教化为目的。第四,经史合参,追求通经致用,追求治国平天下的"王道天下"理想。

尽管儒家治道传统内涵丰富,但由于其历史上长期服务于君主政治,再加上新文化运动的主力军将传统与现代极端对立,儒家治道传统也与君主制一道被丢弃,从而无从参与现代国家的建构。在现代新儒家中,牟宗三的《政道与治道》首先将传统政治的政道归于"一人统治",现代中国则必须建立"民主政道",在此大前提下,儒道

---

① 《礼记·大学》。

法思想作为"治道"才有意义。张君劢的《中国专制君主政治之评议》一书历陈君主制与民主制的根本差异,认为君主制只会陷入治乱无常的循环,而民主制才是长治久安之道。[①] 牟、张二人是现代新儒家的代表,他们只肯定儒家追求"内圣"的道德学说,希望以此作为民主政治的道德基础,却将儒家的"外王"政治学说与传统君主制一起彻底否定。在 20 世纪的现代中国国家治理中,儒家如同一个游魂,一直游离于体制之外。20 世纪 90 年代后,社会上出现强烈的传统文化复兴的呼声,中国共产党在国家社会治理的各方面日益强调优秀传统文化的重要作用。学术界以蒋庆、陈明、干春松、姚中秋等为代表的"大陆新儒家"推动政治儒学的兴起。在此背景下,如何实现儒家治道传统的现代转化,使其在中国国家治理现代化中发挥积极有益的作用这个问题,已经引发学术界的强烈关注。

由此必须重新思考,中国政治思想史研究,对于未来学术的发展,能发挥什么作用? 当今学界已经逐步走出全盘反传统的误区,对于西方本位的现代性危机,也逐渐获得一种清醒的批判自觉。例如,关于牟宗三、萧公权等人的研究,学术界已经认识到,他们具有同时代学者的弊病,"就是立足于西方的政治理论和伦理价值来谈中国,以中国古代有没有诸如自由民主等理念来做评判。其实这些概念的多数内涵,是近代欧洲和美国在特定历史情势下形成的,用它们来解释中国古代政治的缺失问题,当然偏差很大"[②]。成中英先生特别提问,中国学者该如何总结、整理、重建自身的政治哲学思

[①] 参见牟宗三:《政道与治道》,南宁:广西师范大学出版社 2006 年版;张君劢:《中国专制君主政治之评议》,台北:台北弘文馆出版社 1986 年版。
[②] 成中英:《中国政治思想研究丛书总序》,载姚中秋:《原治道》,北京:商务印书馆 2019 年版。

考？诚如他所主张的，我们还是要提出回溯华夏政治结构及秩序的起源，重新叙述"族群生活－伦理宗法－政治国家"这种与欧洲传统不同的中华政治文明。

二、"中国传统治国理政经典精读"课程的教学理念

将对中国传统政治哲学的思考转化为课程教学的理念，应当结合国家治国理政的需要，不断在总结教学实践。尤其要注意，教学理念既要体现中国传统政治哲学的独特性，又要体现当今中国政治专业课程教学立德树人、推进中华优秀传统文化的创造性转化的时代性，使该课程教学能够服务于中国现代化的长远发展。我长年从事政治哲学与政治思想史的研究与教学，关于西方政治思想，多年给政治学专业学生开设"西方政治思想史""当代西方政治思潮"，并发表专著 4 部；关于中国传统政治，曾先后给全校学生开设过"论语导读""孟子导读"等中国古典政治名著的通识课程，并发表一系列研究论文。"中国传统治国理政经典精读"是给政治学与行政学专业本科高年级学生开设的专业提高课，该课程的教学理念主要基于如下思考。

（一）课程思政的"立德树人"与专业课教学有机结合

2020 年 5 月 28 日，教育部印发《高等学校课程思政建设指导纲要》，全面推进高校课程思政建设。纲要提出，课程思政建设要在所有高校、所有学科专业全面推进，围绕全面提高人才培养能力这一核心点，围绕政治认同、家国情怀、文化素养、宪法法治意识、道德修养等重点优化课程思政内容供给，提升教师开展课程思政建设的意识和能力，系统进行中国特色社会主义和中国梦教育、社会主义核

心价值观教育、法治教育、劳动教育、心理健康教育、中华优秀传统文化教育,坚定学生理想信念,切实提升立德树人的成效。根据以上要求,"中国传统治国理政经典精读"课程主要通过中华优秀传统文化教育,以立德树人为目标,培养学生的政治认同与家国情怀。

21世纪的年轻大学生思维敏捷,视野开阔,吸收知识快,学习能力强,但也面临很多困惑。他们正处在人生观和价值观的形成期,而大学的专业教学长期以来以传授知识为主,这尤其体现在受现代西方影响深重的政治学教学,将政治与道德分开,以科学的方法和客观的知识传授为主。这极容易造成大学生一方面标榜坚持"价值中立",另一方面却无法摆脱大众社会中对西方自由民主的盲目崇拜,也无法抵御发达工业社会的"单向度社会"和虚无主义的腐蚀。对此,习近平总书记曾援引法兰克福学派思想家马尔库塞的《单向度的人》一书,指出传统的工业文明只重视人的物质需求,而忽视了人的精神需求,使人单向度发展。[①] 事实确然,现代西方发达国家的高度经济发展在创造高度物质文明的同时,也带来了极大的心理失衡,突出表现在人的物化和异化。然而,中国传统的人文中庸之道和重视家庭、重视自我修养的文化,有助于个人的心理平衡和内心安顿。这是本课程在教学中特别着重强调的地方,即以中国传统政治文化中的德性和修身,影响学生的价值观,培养他们对中国文化的自豪感和家国天下的情怀。传统中国治国理政注重修身,反求诸己,注重政教相维,经世致用,这些方法值得在课堂上向学生阐发,使学生首先学习如何做一个好人,然后推己及人,将所学的知识和智慧用于生活中,进而能在今后工作中融政治德行、政治

---

① 张广昭:《回望传统:读〈平天下:中国古典治理智慧〉》,载《光明日报》2008年12月4日。

能力、政治责任为一体，更好地服务于未来中国治国理政的大业。

（二）推进中华优秀传统文化的创造性转化

党的二十大报告指出了如何推进中华优秀传统文化创造性转化和创新性发展的具体路径——马克思主义中国化，即"坚持和发展马克思主义，必须同中华优秀传统文化相结合。只有植根本国、本民族历史文化沃土，马克思主义真理之树才能根深叶茂。中华优秀传统文化源远流长、博大精深，是中华文明的智慧结晶，其中蕴含的天下为公、民为邦本、为政以德、革故鼎新、任人唯贤、天人合一、自强不息、厚德载物、讲信修睦、亲仁善邻等思想，是中国人民在长期生产生活中积累的宇宙观、天下观、社会观、道德观的重要体现，同科学社会主义价值观主张具有高度契合性"。[1] 推动中华优秀传统文化创造性转化与创新性发展，归根结蒂就是扬弃与创新，使其能够用来丰富马克思主义的内涵。扬弃，就是尊重文化发展规律，坚持不忘本根、辩证取舍，有鉴别地加以对待，守住中华文化本根，传承中华文化优质基因。创新，就是着眼服务当代，面向未来，对中华优秀传统文化的内涵加以补充、拓展、完善，赋予其新时代内涵和现代表现形式，使中华优秀传统文化的当代价值充分弘扬，成为现代"活水"，为今人所取、为发展所用。

近年来持续热销的《平天下：中国古典治理智慧》一书，以修身、为学、民本、官德、治理、天下分篇，遵循了中国古典治国理政中"修身齐家治国平天下"的基本逻辑，同时结合当下政治现实，对一百多条古典治理名句一一释义，挖掘其现代价值，从"通古今"着手，

---

① 习近平：《高举中国特色社会主义伟大旗帜，为全面建设社会主义现代化国家而团结奋斗——在中国共产党第二十次全国代表大会上的报告》，北京：人民出版社2022年版，第10页。

探索传统文化底蕴,提炼和汲取蕴含其中的当代精神和价值,对传统治理思想进行创造性转化与创新性发展。

"中国传统治国理政经典精读"课程以《平天下:中国古典治理智慧》一书为榜样,针对政治学与行政学专业的学生,从"通古今中西"的视角,重新阐释中国古典治理智慧,致力于推进中华优秀传统政治文化的创造性转化。如前所述,自新文化运动以来,儒家治道传统由于长期服务君主政治,被认为无法在现代中国国家建构中拥有立足之地。改革开放后,中国政治思想研究中颇有影响的刘泽华等学者,以马克思主义思想为指导,对传统中国政治思想中的"皇权专制"展开了深入批判。然而,对中国政治传统的长期消极性看法和激烈否定容易导致对本民族传统文化的历史主义和虚无主义。本课程在以上研究基础上,在古今中西的比较视野中,对中华优秀传统政治文化进行扬弃与创新。例如,封建社会的三纲五常,礼治社会的尊卑贵贱都应该摒弃,需要发扬光大的是敬天道、讲仁爱、重民本、守诚信、崇正义、尚和合、求大同的王道天下精神。儒家治道传统立足于中华文明,蕴含丰富的内涵:天道信仰的治理精神,民为邦本的治理目标,礼乐刑政的治理制度,君子之治的治理主体,但只有通过与现代国家治理对话,不断丰富其内涵,以天道化人道,以民本化民主,以礼乐化刑政,以君子化公民,才能实现创造性转化,适应国家治理现代化的需要。本课程致力于将中华优秀传统政治文化与国家治理现代化的需求结合,促进儒家优秀传统政治文化成为涵养社会主义核心价值观的重要源泉,促进以中华政治文明为根基的中国政治理论的发展。

(三)构建中国本土化的政治哲学与政治理论

20世纪90年代以来,中国社会科学的本土化问题日益成为学术界关注的重点,如何构建有中国特色的政治学理论也成为政治学学科发展的紧迫问题。然而由于政治学在 20 世纪 80 年代恢复时,主要依靠大量翻译西方政治学理论的著作,以至于发展自身的政治学理论十分艰难,往往停留在意识形态宣传或空洞的口号层面。问题本土化,理论西方化,是政治学研究面临的严峻问题。尤其在很多具体的研究中,虽然问题的提出做到了立足本国现实,但理论分析却套用西方范式,甚至有点唯西崇洋,致使研究结论不符合中国实际。当前通行的政治学原理的教材在体系安排上大多是"西主中附",西方著作引用率有的在 80% 以上。许多研究运用的分析框架、理论预设也是西方的,甚至把西方学者提出的话题直接移植到中国来,而不考虑水土服不服的问题。[1]

在构建现代国家治理体系时,中国需要借鉴西方治理革命中的理论与实践,但在进行制度模式选择时,必须清楚"一个国家选择什么样的治理体系,是由这个国家的历史传承、文化传统、经济社会发展水平决定的,是由这个国家的人民决定的"[2]。换言之,中国在借鉴和学习西方治理理论与经验时,一个重要的思考向度是中国自身的历史传承和文化传统。中国几千年的治道传统蕴含着丰富的超大规模国家的治理经验,也是我们探究中华政治文明传统的关键性资源。儒家的治道传统,无论在理论上还是在实践中,对中国传统政治都具有主导性影响地位。

"中国传统治国理政经典精读"课程致力于探讨儒家治道传统的核心价值,从中提炼适合当今国家治理的政治哲学与政治理论。中国有自己独特的传统政治学体系,在终极关怀、价值追求、结构体

① 张小稳:《政治学本土化背景下〈中国政治思想史〉教材内容体系建设的新思路》,载《海南师范大学学报》(社会科学版)2013 年第 7 期,第 114—119 页。
② 习近平:《习近平谈治国理政》(第 2 卷),北京:外文出版社 2014 年版,第 75 页。

系和许多具体方面都与西方的政治学传统和当代政治学有着显著的不同,是在不同的历史和政治环境中成长起来的完全不同的理论体系。西方国家是以民族认同为前提,而中国是以文化认同为前提。中国政治以群体本位为追求,西方以个体本位为追求。中国传统政治的核心是秩序,而不是西方倡导的权力。与西方政治学相比较,中国传统政治学"不是以权力规范为核心,而是以社会和谐为追求目标;不是仅仅以人为对象,而是包容宇宙万物为整体对象;不是民族国家范围内的权力分配,而是为求得整个世界(天下)太平"①。中国现实政治的独特性,恰恰就是因为独特传统的作用。故而,我们在讨论政治学本土化的时候,必须认真地挖掘本土的土壤,而这土壤的本质便是中国独特的政治传统。

本课程试图在教学中,始终渗透构建中国本土化的政治哲学与政治理论的问题意识,培养学生在中华文明的基础上思考政治学理论问题。例如,在讲授关于政治合法性知识时,便会进行这样的对比:现代政治学的合法性理论强调人民主权、有限政府与分权制衡;中国政治合法性则强调天道宪法,天、君、民之间形成权力制衡的框架,民本与天道宪法相连。与西方相比,中国政治最高合法性在于天道民心,具有神圣性和权威性,这一点并没有如韦伯所说,在中国形成传统与现代的合法性断裂。② 当今中国对政治合法性的理解仍然与传统的天道民本密切相连,例如我们对和谐社会、大同社会的追求,对人类命运共同体的倡导,对民生问题的高度关注,这些都源于"天人合一"的和谐理念、"天下为公"的大同理念、"民为邦

① 唐国军:《中西政治差异与"中国传统政治学"概念的提出》,载《广西社会科学》2008年第4期,第190—193页。
② [德]马克斯·韦伯:《中国的宗教:儒教与道教》,康乐、简惠美译,桂林:广西师范大学出版社2010年版,第323页。

本"的民本理念的政治文化基因。通过这样的政治学理论问题意识的培养，就避免了学生在分析中国政治合法性时，盲目采用西方的合法性理论，从而避免政治学中理论与实践的严重断裂。以此类推，我在讲授时，有针对性地强调中华政治文明的特有性质，并与当下的政治学理论进行比较，结合具体的问题进行具体分析，逐渐培养学生在中华政治文明的基础上兼采中西，思考适合中国本土政治的政治学理论。

三、"中国传统治国理政经典精读"的课程设计

（一）课程的基本内容

现代中国政治思想史教学基本上采取历史分期法和代表人物法，缺少传统经学的经典意识。相比之下，西方政治思想史教学十分注重历史代表人物的哲学思想及其现代影响。国外西方政治思想史研究的大家，如列奥·施特劳斯、艾瑞克·沃格林、汉娜·阿伦特等，都在深入挖掘政治思想传统的过程中，自成一体，形成对现今政治文化颇有影响的政治哲学派别。萧公权的《中国政治思想史》运用西方政治思想的研究方法，重新思考传统中国政治思想的意义，至今仍被看作中国政治思想研究的典范。然而，其仅仅从先秦的诸子百家开始，并没有从百家的源头——六经开始。现有的中国政治思想史基本延续这一局面，从诸子学起步，而不是从经学入手。如果要挖掘中国传统政治思想的精神命脉，阐释中华政治文明的深层义理，就必须回到六经。正如姚中秋先生所言："六经和经学将成为政治思想史研究之核心。明乎源才有可能明乎流。六经乃是中国政治思想之开端，确定了中国政治思想之基本词汇、话语与范式。

经的研究自然应当成为中国政治思想史研究之重点,唯有如此,孔子以降的政治思想才是可理解的。"①

对于政治学,《尚书》和《礼记》尤其重要。《尚书》是中国古典政治哲学的集大成者,是中华民族之民族性的根源所在。《尚书》又称《书》,意指上古之书,金克木先生曾形象地称其为"上古御前的政治会议",皇家(中央)政治文件汇编。②《汉书·艺文志》称,"左史记言,右史记事,事为《春秋》,言为《尚书》",足可见《尚书》与华夏政治的源头密切相关。《尚书》的核心是治国大道,包括《虞夏书》《商书》《周书》,文体包括典(如《尧典》《舜典》)、谟(君臣对话,如《皋陶谟》)、诰(君对臣的劝诫,如《酒诰》)、训(总结历史教训,如《伊训》)、誓(誓师词,如《泰誓》)、命(君王任命官员词,如《顾命》)。本课程选取其中的《尧典》《皋陶谟》《泰誓》与《洪范》四篇进行讲解,不涉及考证,重点在于大义阐发。《尧典》的解读思考中国政治的合法性,中国传统宪制的开端以及尧舜的治理技艺等问题。《皋陶谟》侧重解读天道治理观、"以刑弼教"的治理技艺以及德位相应的用人观。《泰誓》侧重阐释中国传统政治中的革命观以及天、君、民的治理架构。《洪范》侧重对中国传统广义的政治宪法大纲的理解。

《礼记》涵盖了中国古典礼乐文明的政治哲学。子曰:"不学诗,无以言,不学礼,无以立。"礼是中国传统治国理政的礼法与制度,从修身(做人做事,仪礼)、齐家(家礼、冠礼、婚礼)到治国平天下(制度、郊礼、祭礼),无所不包。子曰"礼者时为大",本课程的重点不在于复原具体的礼仪与礼法和烦琐的历史考证,而是带领学生重点体

---

① 姚中秋:《重建中国政治思想史范式》,载《学术月刊》2013 年第 7 期,第 14—21 页。
② 金克木:《书读完了》,上海:上海文艺出版社 2017 年版,第 52 页。

会先王制礼作乐的精神。从政治学的视角出发,本课程选取其中历代治国理政者格外关注的名篇——《礼运》《王制》《大学》与《中庸》。其中,《礼运》关注小康与大同的问题以及如何选贤与能。《王制》关注中国传统巡守制度、教育制度、外交制度、司法制度的基本精神。《大学》关注"三纲"与"八目",理解中国政治的"内圣外王"之道。《中庸》关注治国理政中如何培养和践行中庸的实践智慧。

本课程主要选取上述《尚书》与《礼记》中八篇经典文献进行精读精讲,启发学生用心体悟中国传统治道的博大精深,并初步与历史和现实结合,丰富对政治理论的思考。本课程注重心性儒学与政治儒学、内圣之学与外王之学的兼容并包。学生通过深入研读这些文献,能对传统中国治国理政思想中的"内圣外王"有更深刻的体会,从而在未来工作中,能够以明德修身为本,成为君子式政治人、君子式法律人、君子式企业人和君子式公民。通过对以上《尚书》与《礼记》中所选的八篇经典文献进行精读,学生由此能够对中国古典政治哲学有整体的把握,对中华民族的政治智慧有深层的体认,对超大规模的国家的治理之道有更深的认同,从而在此基础上理解吾国吾民的生活方式,逐渐形成本土化的政治哲学与政治理论思维。

(二)课程的教学方法

第一,文本精读法。中国政治思想史的通常教学方法是根据教材,提纲挈领地讲授各个时期代表人物的政治思想。相比之下,"中国传统治国理政经典精读"的内容以经典阐释为主,我在准备讲义时,参考《尚书》与《礼记》权威的经传注疏,但不局限于此,而是更注重参照现代政治学理论,与现代国家治理中的具体问题相结合,以培养学生本土化的政治学理论意识。例如,天道信仰与现代政治的教化伦理如何结合,民本与民主如何结合,礼治与法治如何结合,君子与公民如何结合等。① 学生参考教师提供的讲义材料，认真研读，学有余力者还可以进一步直接阅读相关经典的经传注疏。

第二，课堂讨论法。由于"中国传统治国理政经典精读"课程涉及非常古老的经典，学生容易望而生畏。我在课前会布置有关的思考题目，请学生预习，课上会讲述每篇经典的时代背景、主要内容，帮助学生疏通文字障碍。在学生整体理解的基础上，再进一步阐发其中的深意。然后，请学生提问或就相关思考题目分组讨论，通过教师与学生互动，加深学生对经典的理解。例如，讲授《礼记·礼运》时，先布置学生思考 20 世纪中国社会对"大同"与"小康"的认识，国家发展如何布局"全面建成小康社会"。上课时先讲授《礼运》何以成为备受关注的经典，带领学生疏通有关"小康"与"大同"的基本文意，然后阐发中国传统政治中如何理解《礼运》以及康有为对《礼运》的阐释对现代中国社会的影响。最后，请学生就课程讲授的内容提问，或就"小康""大同"的古典与现代阐释进行讨论。

第三，多重手段教学法。由于上课的学生都是 2000 年后出生的年轻人，喜好新鲜事物和形象生动的讲课。我在教学活动中，结合教学内容，从网络上获取相关视频、音频，有电影、有动画，用生动有趣的动态视频代替原来电子幻灯片（PPT）上常出现的静态图片，强调教学情景化、生活化，使静态知识动态呈现，强调信息的直观性、生动性。例如，讲授《尚书·泰誓》时，会给学生播放一些武王伐纣的视频，使学生直观地感受到正义战争的力量，也会请学生联系人民解放战争，体会孟子所说的"箪食壶浆以迎王师"人民战争的正义性。

---

① 参见孙磊：《治道古今——儒家治道传统与现代国家治理之道》，载《中国政治学》2020 第 1 期，第 68—78 页。

（三）课程的教材撰写

改革开放以来中国政治思想史教材已出现十余种，其中影响较大的是刘泽华主编的《中国政治思想史》三卷本。民国时期萧公权所著《中国政治思想史》在体例文风、观点见识等各方面，仍然是中国政治思想教学中的经典教材。为撰写该教材，萧公权长年积累了大量文献，以讲义的方式印发给学生，多年后才完成该书的撰写，其间他积累的讲义材料远远超过教材本身的厚度。萧先生曾自述其治《中国政治思想史》的学术意图："我相信还有余地写一部根据政治学观点，参酌历史学方法，充分运用原始资料，尽量避免臆说曲解的书。"①这种融哲学、政治学与历史学为一体的政治思想史研究方法至今仍值得我们学习。

我希望学习萧公权先生的教材撰写方法，编写一本适合本课程的教材。新教材应注重观察视角的取舍。尤其要对现代西方自由民主主导的价值立场进行反思，还要大量参考各种经传注疏，加强对《尚书》与《礼记》的深入理解，由此对中国传统治国理政之道有所发微，以求对现代中国的治国理政有新的启示。在每次给学生上课时，先印发讲义，不断积累完善，以便在3—5年后推出一部质量上乘的《中国传统治国理政经典精读》教材。

在前人研究的基础上，本课程力求汲取当今学术界研究的最新成果，以中国传统《尚书》与《礼记》阐释为本，凸显中国古典政治哲学的基本精神。此外，本课程试图从中国传统治国理政思想中寻找资源，以构建中国本土化的政治哲学与政治理论。

---

① 萧公权：《问学谏往录》，上海：学林出版社1997年版，第87页。

四、结语

　　"中国传统治国理政经典精读"的教学理念和课程设计,既秉承党中央关于推进中华优秀传统文化的"两创"号召,又汲取学术界的研究成果,力求为政治学专业的学生打开一扇进入博大精深的中华传统政治文明世界的窗户。课程致力于既培养学生的文化自信,又从治国理政的专业视角丰富对中国传统政治理论的理解。通过学习本课程,学生有望从中汲取无穷养料,以自强不息的君子为目标,以行道弘道为使命,为中华文明的伟大复兴而努力奋斗。

问题驱动教学法在城市治理创新人才培养中的应用

钟晓华

【内容提要】 城市治理是国家治理的重要组成部分,增强城市治理体系和能力的现代化建设日趋重要。突破诸多治理瓶颈,培养具有治理理念、专业技能、行动能力的社会治理人才是优化治理效能的关键要义。高校应打破专业边界,以培养政策创新者、社会设计者和专业行动者为城市治理人才培养的目标。本文尝试从问题驱动教学法的特点和国内外实践出发,讨论其在增强学习主体主动性、教学内容时效性和培养方式协同性方面的积极作用,并以该教学法在城市治理相关课程中的应用实践为例,分析该教学法在课程准备、实施和评估等不同阶段的体现及教学效果。

【关键词】 城市治理创新　人才培养　问题驱动教学法

【作者简介】 钟晓华,同济大学政治与国际关系学院社会学研究所副教授、所长,同济大学中国战略研究院研究员。

党的二十大报告指出,应当坚持人民城市人民建、人民城市为人民,提高城市规划、建设、治理水平,加快转变超大特大城市发展方式,实施城市更新行动,加强城市基础设施建设,打造宜居、韧性、智慧城市。习近平总书记强调"社会治理是一门科学",要"深化对社会运行规律和合理规律的认识,善于运用先进的理念、科学的态度、专业的方法、精细的标准提升社会治理效能"。[1] 提升社区治理效能是推进基层社会治理体系与能力现代化建设的要义。治理主体意识缺失、治理机制不健全、治理资源配置低效、治理动能转化不足等通常被概括为普遍化的传统治理的瓶颈。培养具有先进治理理念、过硬专业技能、强大行动能力的社会治理人才是优化治理效能的关键之一,鉴于治理要素及领域的复杂性和综合性,治理人才并不仅是社会工作等相关专业的培养目标,而是多门社会科学及理工医等应用型学科的共同培养目标。综合型大学可通过通识课、专业课、双创课程、跨专业工作坊等课程体系建设,创新教学方法,整合校政企社合作方面的改革,实现人才培养模式的创新,为社会输送合格的新型治理人才。

一、基于城市治理需求的创新人才培养目标

城市作为人和资源高度聚集的复合体,被称为人类最伟大的发明与最美好的希望,它一方面是全球、国家、社区与家庭个体之间的重要连接层级,另一方面也成为生产生活、工业文明、科学技术的主要创新源泉。[2] 据预测,到 2050 年世界三分之二的人口将居住在城

---

[1] 王道勇:《习近平总书记关于社会治理重要论述的理论贡献》,载《学习时报》2022年 9 月 12 日第 2 版。

[2] [美]爱德华·格莱泽:《城市的胜利:城市如何让我们变得更加富有、智慧、绿色、健康和幸福》,刘润泉译,上海:上海社会科学院出版社 2012 年版,第 5 页。

市,中国的城镇化率在近 40 年时间里提高了近 40 个百分点。① 快速城镇化成为两个世纪以来最重要的人类进程,同时也带来了诸多城市问题的积累和爆发,结构失衡、环境污染、气候威胁、资源短缺、社会分化、公共服务不均衡等问题都亟待解决。2015 年以来,联合国及其成员国连续发布《可持续发展目标》②《新城市议程》③等重要文件,提出通过扩大城市决策的空间与社会维度实现城市可持续发展以及社会公平的目标。

在国内,2015 年底召开的中央城市工作会议明确提出,转变城市发展方式,完善城市治理体系,提高城市治理能力,解决"城市病"等突出问题。城市治理面对着高度聚集的要素和叠加的目标,更强调多元治理主体通过完善治理机制、优化治理方法,从而实现治理目标。习近平总书记 2018 年在上海考察时提出,进一步完善城市治理体系,提高城市治理能力,是满足人民日益增长的美好生活需要的重要一环,要注重在科学化、精细化、智能化上下功夫。自 2019 年"人民城市"理念提出以来,更是对城市治理提出了价值观念、生产活动、空间结构、服务供给等方面的综合体系要求。整体性、复合化的城市治理目标对城市治理人才及其治理能力培养提出了更高的要求。除了社会学、经济学、政治学等人文社科学科,以及城市规

---

① 参见 UNHABITAT,"World Cities Report 2022:Evisaging the Future of Cities",https://unhabitat.org/wcr/,访问时间:2024 年 6 月 1 日。

② 联合国可持续发展目标(sustainable development goals,SDG),是联合国在 2000—2015 年千年发展目标(MDG)到期之后制定的继续指导 2015—2030 年的全球发展工作的 17 个全球发展目标。参见全球目标:http://www.globalgoals.org/,访问时间:2021 年 9 月 6 日。

③ 新城市议程(new urban agenda,NUA),是 2016 年在基多召开的联合国住房与可持续城市发展大会(人居三)发布战略性文件,倡议从经济、政治、环境、治理等方面转变城市范式,改进城市化质量。参见联合国网:https://www.un.org/zh/documents/treaty/files/A-RES-71-256.shtml,访问时间:2021 年 9 月 6 日。

划、建筑学、管理工程等工科学科的传统专业教学目标外,更强调兼具人文反思性及实践应用性的跨学科教学体系及方法创新,建构从素质教育、专业训练到职业发展的全周期治理人才培养通道。

(一)政策创新者

政策创新者又称政策企业家(policy entrepreneur),指称那些积极参与并主导政策变迁的体制内倡导者,是治理体系及能力现代化建设的重要动因。[①] 面对着未来有可能进入公共管理、政策制定及执行领域的大学生精英,城市治理导向的课程着重培养他们对"元治理"理论[②]和整体性治理理念[③]的掌握、对治理目标的精准把握(对问题的识别、对善治的理解)以及政策创新的自觉与行动力(动员/协同多元治理主体的能力、制度创新和体制机制改革的推动力等)。

(二)社会设计师

在科学领域,创新不是一个新鲜词,但在社会经济领域却是近20年兴起的热词。随着科技及社会快速变革导致的新社会属性的出现,创新成为对于主流技术及组织结构的补充,或是社会经济发展特征的概念延展。[④] 社会设计强调用"创新的价值导向、社会关

[①] 朱亚鹏、肖棣文:《政策企业家与社会政策创新》,载《社会学研究》2014年第3期,第56—76页。

[②] 夏志强、谭毅:《城市治理体系和治理能力建设的基本逻辑》,载《上海行政学院学报》2017年第5期,第11—20页。

[③] 吴晓凯、文军:《整体性治理:中国城市治理形态的逻辑转型及其实践反思》,载《江苏行政学院学报》2020年第4期,第64—70页。

[④] Hillier, J., Moulaert, F. & Nussbaumer, J., "Trois Essais sur le Rôle de l'innovation Sociale dan le Développement Spatial", Géographie, Economie, Société, Vol.6, No.2, 2004, pp.129 - 152.

系及策略行为解决社会问题、满足社会需求、实现社会价值"①。社会设计师的培养主要面向未来将进入社会组织、社会企业、公益服务等领域的创新型人才,着重培养其对"政府-市场-社会"伙伴关系的认知能力、问题导向的实践能力、挖掘和创造社会价值的创新能力等。

（三）专业行动者

城市治理人才培养对象不仅局限于公共行政和公共服务领域的专门人才,还包括所有参与城镇化、工业化、信息化的城市发展过程的专业人才,涉及行业包括城市规划、建筑设计、住房管理、商业开发、交通市政、公共卫生、环境保护、信息技术、科技创新等。城市治理是以公共部门、私人部门、第三部门、普通公民的合作治理为前提的。高校因此面向相关工科专业开设治理课程,将人本治理、依法治理、系统治理的理念与方法融入课程与实践,为城市治理储备大量有超强行动能力的专业行动者。

（四）基层治理者

城乡社区作为城市治理的"末梢神经",需要大量有先进理念及强大行动力的实践人才承担起"上面千条线,下面一根针"的多元而灵活的工作职责,基层人才更需要沟通、连接、处置、转化、规划等综合素质。② 2021 年中共中央、国务院《关于加强基层治理体系和治理能力现代化建设的意见》,注重加强基层治理人才队伍建设,除了传统的社会学、社会工作等专业教学,新时代对基层治理人才提出

---

① 臧雷振:《社会创新概念:世界语境与本土话语》,载《经济社会体制比较》2011 年第 1 期,第 166—171 页。
② 陶希东:《上海加强基层治理体系和治理能力现代化的路径与策略》,载《党政论坛》2022 年第 2 期,第 3 页。

了数字治理、空间规划、工程管理等新文科、交叉学科培养目标,以便培养出更多能助力二十大报告提出的"网格化管理、精细化服务、信息化支撑的基层治理平台和城乡社区治理体系"的综合性人才。

二、当前人才培养模式的不足

"十四五"时期的高等教育面对着百年未有之大变局和中华民族伟大复兴的大势大局,体现出新发展阶段的"创新性"和"民生性"。注重学思结合,倡导启发式、探究式、讨论式、体验式教学,培养学生独立思考、自由探索和创新创造的能力,这不仅是培养基础创新人才的有效方法,也是培养服务经济社会发展需求的民生人才的必要手段。从城市治理创新人才的复合培养目标出发,要求学生具备多层治理的全局观、跨学科的多维视野、需求导向的创新适应能力和问题导向的方案解决能力,也促使教育者反思既有培养体系的不足。

(一)学习安排缺乏主动性

无论是政策创新者、社会设计师还是专业行动者,都需要城市治理创新人才具备主动识别问题、创造性解决问题的能力,这就对学生的主体性提出了很高的要求。目前的高校人才培养还是主要将学生作为培养对象,在培养计划制定、课程设置、教学环节和实践实训等环节主要还是以学校和专业院系作为主体进行安排,学生仅能在有限的选择范围内进行课程和实践的自主规划,学生的主体性体现不足,无法衔接后续的创新发展目标。

(二)教学内容缺乏时效性

城市治理创新旨在通过治理主体、治理议题、治理机制等要素的创新,解决社会问题、满足社会需求。单一学科专业和职业导向的培养目标已无法应对治理主体的多元化、治理议题的多样化和治理机制的多层化趋势。课程教授的知识体系和实证素材往往滞后于社会发展的现状与趋势,使得高校学生对社会现状需求的认知不足,短期的创新创业教育和实践也较难有针对性地触及社会痛点。

(三)培养方式缺乏协同性

虽然在教学方式上,案例式教学、参与式教学、沉浸式教学、翻转课堂等教学方法已逐渐被广泛应用,但纯粹对方法的创新,并没有解决实践与问题导向的教学有效性缺失问题。高质量培养城市治理创新人才,需要深入实践领域的场景,以及一线实践者作为教育者的支持,缺乏政府、社会、企业、高校间的长效协同合作机制是治理人才培养的核心短板。

三、问题驱动教学法在治理创新人才培养中的应用

为应对传统教学方式在培养新时期城市治理人才方面的不足,需要进一步创新教学理念与方法,问题驱动教学法(problem-based learning,简称 PBL)作为一种新的参与式学习方法,已经在北欧、北美等许多国家的学校被广泛采用,是一套设计学习情境的教学方法。作为探究性的学习教学模式,其理论基础是建构主义学习理论、实用主义教育理论和发现学习理论。[1] 作为翻转课堂、成果导

---

[1] 刘景福、钟志贤:《基于项目的学习(PBL)模式研究》,载《外国教育研究》2002 年第 11 期,第 18—22 页。

向的教学策略的一种,问题驱动教学法强调以学生为中心的参与式
学习方式,邀请学生在没有既有解决方案的情况下,在特定场景中
确定拟解决问题、制定调查方案、实施现场调研,并提出基于证据的
问题解决方法。问题驱动教学法强调主动学习,在国内外中小学教
育中应用较为普遍,在高等教育领域主要被用于医学教育[1]、理工
科基础学科[2]及工程管理[3]等专业教学中。虽然问题驱动教学法
在高校人文社科领域的应用还相对较少,却是社会学、行政学等
相关学科得以发挥学科核心知识优势的方法。[4] 比如基于社区的
研究式教学方法,主张在社区的真实环境中培养学生对社会事件
和社会变迁的创新思维能力和综合研究能力。[5] 与传统课堂教学
相比,问题驱动教学法在主体定位、教学过程、目标控制等方面都有
所不同。

(一)强调学生的主动学习

问题驱动学习法也被译为"解难为主学习法",在特定的时间空
间范围内,学生自行选择、计划、提出一个问题方案项目构思,通过

[1] Neville, A. J. & Norman, G. R., "PBL in the Undergraduate MD Program at McMaster University: Three Iterations in Three Decades", *Academic Medicine*, Vol.82, No.4, 2007, pp.370-374.

[2] Duch, B. J., Groh, S. E. & Allen, D. E., "The Power of Problem-based Learning", *New Directions for Teaching and Learning*, Vol.1996, No.68, 2006, pp.43-52.

[3] 唐雪娇、卢会霞、张贺:《基于 PBL 模式的工程实验课程教学体系改革》,载《实验室科学》2020 年第 1 期,第 106—110 页。

[4] Eglitis, D. S., Buntman, F. L. & Alexander, D. V., "Social Issues and Problem-based Learning in Sociology Opportunities and Challenges in the Undergraduate Classroom", *Teaching Sociology*, Vol.44, No.3, 2006: 0092055X16643572.

[5] Bach, R. & Weinzimmer, J., "Exploring the Benefits of Community-based Learning in a Sociology of Sexualities Course", *Teaching Sociology*, Vol.39, No.1, 2011, pp.57-72.

调研、设计、实验、校验等多种形式产出指向问题解决方案的学习成果。这种教学法强调学生在具体的项目和情境中，通过团队工作的方式主动识别问题、分析问题和解决问题。通过理论与现实相结合的实践方式，使学生更有效率地掌握学科知识，并在此过程中培养学生的社会情感技能（social-emotional skills）。与传统被动学习的方式相比，这种方法能有效提高学生实际思考和解决问题的能力。

（二）强调教师的角色转换

问题驱动教学法很好地诠释了教育家叶圣陶先生的主张——"教师之为教，不在于全盘授予，而在于相机诱导"。在问题导向的开放教学中，要求教师完成从"授业者"向"陪伴者"的身份转换，在没有固定教材和教案的情况下，因时、因地、因人地对课程安排、项目进度和学生学习状况进行方向把控和策略引导。这无疑对老师提出了更高的个性化教学要求，不仅需要实时更新自身的知识库、资讯库及社会网络，成为学生实践实训的"数据库"和"工具书"，还要准确把握每个学生及项目的状况，通过研讨、工作坊等方式教学相长，与学生一起面对未知领域和问题的挑战。

（三）强调开放的学习环境

问题驱动教学法要求为学生提供一个可以提出问题、寻找资源、应用信息、再进一步提问的学习环境，因而强调教学场景和教学团队的开放性和多元性。一方面，需要将课堂延伸至城乡社区、公共空间以及各类城市组织（政府、学校、企业、非政府组织），使学生的参与式学习更有效地与社会现实结合；另一方面，需要延展教学团队，邀请课程基地的领导者和富有经验的实践者成为导师，提高学习成果的实践性和应用性,提高实习实训的质量,搭建畅通的城市治理人才输送管道。

四、超大城市治理理论与实践工作坊的实践

"全球城市与上海城市研究"课程设计以超大城市治理需求为导向,以问题驱动为主要教学法,在同济优势学科群的建设及同济大学政治与国际关系学院以"城市发展与社会治理"为支点的学科发展战略目标下,面向各专业高年级本科生和研究生的开放课程,以讲座式授课与工作坊式实践相结合的方式,让学生在多维学科体系和问题解决实践中获得参与城市治理所需的全球视野、本土知识及实践能力。

课程要求学生在特定的实践基地和治理情境中,通过前期理论学习和实证调研,各组学生自主提出一个需要解决的问题,阐述问题意义、描述问题特征、解释问题成因,并在扎根实践和批判反思的前提下,提出问题解决方案;部分优秀的课题也成为大学生创新创业的种子项目,孵化出能够投入应用的针对社会问题的政策建议、服务设计及公共产品。

(一) 课程准备

本课程将问题导向、需求导向模块贯穿于整个教学过程,在准备环节要求对教学情境有充分的准备。本课程首先在课程教学团队建设中着力实现跨学科、跨界的特点,在第一课堂纳入城市地理学、城市规划、建筑学、城市政治学、城市可持续研究等交叉学科视角,建立由高校教师、专业人士(如建筑师、规划师)及各领域实践者(如政府官员、企业管理者、社区工作者、社会组织负

责人等）组成的跨学科、跨界教学团队，并结合城市社区、单位组织、公共空间等实践地点进行现场教学。组织调研实践的过程也是建立合作网络的过程，搭建融合各类城市组织与城市场所的实践平台，在学生的科研深造、双创教育、职业发展等方面起到了积极的作用。

同时，虽然学生在问题选择上有相当的自由度，但课程组织仍需对场景选择、议题设置、调研联络做充分的准备，教师结合自己的科研及咨询课题，为学生的课程实践提供现场教学，并邀请现场导师提供项目背景介绍及协助调查联络等。这种半命题式的教学，有助于教学团队提供更有针对性的引导和支持，并能更有效地对接现实问题，使得学生的学习产出更具时效性和应用性。如作为社区规划师的教师带学生进入一个拟进行社区微更新的现场，由街镇或社区的工作者做背景介绍，学生再自主选择具体问题、进行评估调研、制定项目方案，部分课程成果得以直接应用于社区规划。

（二）课程实施

问题驱动教学在准备阶段对教育者提出角色转换、知识准备及平台搭建的要求，在实施阶段则对学习者以及师生互动提出新要求。比如在问题确定阶段，许多学生体现出较弱的文献检索和梳理能力，以及对搜索引擎的过度依赖、对学术数据库的忽视、对海量信息甄别力的欠缺。因此在项目实施前期，课程设置了专门的文献信息检索和城市研究方法教学，为各专业学生提供进入现场前的知识和数据储备以及研究工具的准备。同时，课程将引导学生运用大数据、网络调查等新型研究工具，如在社区周边设施调查时将现场统计的数据与线上抓取的谷歌街景、百度地图数据进行比对，确保数据的准确性。

除了研究工具的准备,问题导向的现场工作坊也是教学方法的另一创新。学生被分成不同的小组,模拟不同的城市角色,就一个具体的案例进行实地考察,并运用课堂所学进行方案设计,最后在课堂上进行成果展示。对于源自现实场景的问题需要把握良好的度,既要给到足够的信息来还原问题的复杂性,激发学生的学习兴趣,又要控制问题分析的深度,将问题的识别、理解及解决过程交由学生自主完成。议题设置要足够复杂,让学生需要在跨专业合作研究和信息共享的基础上对问题进行多维分析。老师在课程安排上按照问题描述、分析及解决三个阶段设置模块,进行阶段性讨论,从而实时掌握项目进程,给出调整建议。

项目实施是分小组进行的,往往4人小组是较为舒适的规模,既能满足项目实施中的分工要求,又能保证较为充分的组内沟通和参与,在短时间的密集合作中能有效避免少数学生"搭便车"的问题。学生的分组以志趣一致、跨专业合作为原则,在鼓励跨专业组队的同时,充分尊重学生的兴趣,如在社区治理场景中引导学生按照空间、文化、养老、健康等不同议题兴趣进行分组。

（三）课程评估

问题驱动教学法的评估是多主体、全周期的评估,包括教学团队对教学过程和教学效果的评估与调整、学生对课程安排和学习效果进行评价,同时也包括邀请校外导师对课程产出进行评估。教学团队的过程评估是有效把控项目进程的关键,有利于老师对每个项目进行个性化指导。学生的评估在其中尤为重要,课堂上的学生不仅是听众和学习者,也是研究者和问题解决者。从国内外学生对问题驱动教学法的反馈来看,大部分人对该教学方法持肯定态度,并在此类课程中投入更多的精力,有更强的学习主动性和学习深度。

学生表示该教学法对增强专业知识的理解，提升研究能力、问题解决能力和组织协调能力有积极影响。学生在完成每一个项目的时候，需要自主学习并运用标准化的学科知识，培养自己的批判性思维习惯，锻炼合作和自我管理的能力。

此外，问题驱动教学法非常重视校外导师对课程成果的评估，这些现任的城市治理关键主体对课程目标、教学安排及成果产出的评价，能够充分体现教学效果是否有效对接了城市治理需求，是否切实回应了现实问题，是否有针对性地培养了未来的专业型治理人才的行动能力。以上评估结果应及时应用到人才培养体系和课程安排中，起到实时纠偏、持续改善的正向作用。

五、结语

城市治理人才首先应是合格的城市观察者、研究者和行动者，问题驱动教学法正是将学生带入城市、让学生学习城市的有效教学方法。将学生带入城市中熟悉的日常生活场景，锻炼他们的人际交往和社群融入能力，同时又引导他们以破除惯习的思维方式脱离常识，更能促使他们全面而客观地透视现象背后的本质，扩展他们理解社会的深度与广度。此外，城市既是学生的研究场域、研究对象，也是技术应用的具体场景，问题导向的实践教学，要求学生以解决问题为目标，在认识问题之后，提出规划协调、政策优化、社会改善的建议方案，从而培养其策略性思考和创新性行动的能力。

城市是我国各类要素资源和经济社会活动最集中的地方，是全面建成小康社会、加快实现现代化的关键领域，因此城市治理在国家治理体系现代化建设中至关重要，专业型治理人才的储备是弥合治理短板、增强治理效能的核心要义。应对新时期人治、法治、善治、智治的城市治理目标，高校相关专业应以专业能力、创新能力、实践能力的培养作为治理人才培养核心，积极回应社会的现实需要和发展趋势，将培育具备"公共价值＋专业知识＋实践创新能力"的复合型人才作为目标。

教 学 方 法 探 索

基于历史、理论和政策相结合的 "国际关系史"教学改革研究

钟振明

【内容提要】 "国际关系史"课程是国际关系专业的基础必修课程,内容不仅包含大量的国际关系历史知识,更内嵌丰富的国际关系理论逻辑,同时又穿插众多古今中外的政策议题。该课程的传统教学专注于对历史演进、历史资料和历史规律的讲述,而忽视了将国际关系研究中涉及的重大理论和政策问题结合起来进行讲授和分析。本文认为对"国际关系史"课程的教学改革,重点就是要立足从理论逻辑的深度和政策实践的高度,锻炼学生将历史同理论和政策结合起来进行解读的学术精神,帮助学生更为系统和科学地认识、解释和应用国际关系史的丰富知识,进而增强学生的专业理论功底和政策分析能力。

【关键词】 国际关系史 课程教学 历史维度 理论维度 政策维度

【作者简介】 钟振明,同济大学政治与国际关系学院教授、副院长。

新时代背景下,中国与世界的互动越发密切,人们对国际关系史知识的探求也越发旺盛。"国际关系史"作为一门具有交叉学科特点的课程,将历史学与国际关系学紧密结合在一起,目的在于通过回顾国家间关系发展的历史进程,反思国际关系往来的本质内核,凝聚古来共通的国际关系理论,并助力决策科学领域学者对当今复杂多变国际事务的深度剖析。"国际关系史"课程的特殊价值在于:着眼历史,通过追本溯源,为学者或学生提供一个广博而深邃的,结合历史、理论和政策的视角,从而把握国际关系往来中最本质的精神和原则。

当前,在"国际关系史"的学科授课过程中,容易走向的歧途主要是只进行单一的历史知识传授,只有"史"的讲述,没有"理"的论述和"策"的分析。关于具体历史事件的探究虽然是"国际关系史"教学的关键之一,但是基于历史事件的宏观思考,引导学生结合国际关系理论探究历史事件及重要决策背后的深层含义,是教学中必不可少的内容。基于此,本文认为"国际关系史"课程教学改革的总体思路是要把同国际关系相关的历史、理论和政策结合起来,探索授课过程中如何向学生展示国际关系知识的历史维度、理论维度和政策维度,通过切实可行的具体教学手段,让学生对国际关系史课程中涉及的知识有更为深刻的认知、理解和应用。

习近平总书记强调:"历史是最好的教科书""历史是一面镜子"。[①] 进入新时代,我国越来越走向世界舞台的中央,越来越成为世界整体发展的重要力量,这要求我们对于国际关系史的教育同样要与时俱进、精益求精,关键是在教学过程中,帮助学生建构可将国

---

① 习近平:《以史为镜、以史明志,知史爱党、知史爱国》,载《求是》2021年第12期,第2页。

际关系的历史、理论和政策三维度融会贯通的知识体系。

一、"国际关系史"课程教学的历史维度

国际政治学的发展与历史研究密不可分,国际关系学和国际关系理论的建构在很大程度上以历史研究为基础。国际关系史学者通过观察历史,尝试在相似的历史事件中找到隐藏其中的规律,从而解释该事件发生的内在机制与因果联系。因此,"国际关系史"课程对历史知识的把握始终是最基本的,只有熟练掌握历史脉络,才能深刻理解国家间交往的本质。梳理三百多年来国际关系的历史,笔者认为,可以从以下四条主线把握国际关系的发展历程。

一是国际体系的历史演变。近代以来,国际关系体系的演变主要经历了威斯特伐利亚体系、维也纳体系、凡尔赛－华盛顿体系、雅尔塔体系等不同阶段,其中,威斯特伐利亚体系建立于 17 世纪,欧洲各国在经历三十年战争的动荡之后,通过谈判于 1648 年缔结《威斯特伐利亚和约》,欧洲大陆建立起一个各国力量相对均衡的格局,即威斯特伐利亚体系。[①] 这个体系标志着近代国家体系的形成,奠定了近代欧洲国际关系的基础,确立了主权、国际法、外交等规则,形成了以欧洲为中心的世界政治经济格局。这一体系延续至法国大革命、拿破仑战争时,逐渐不再适应多变的国际局势。

维也纳体系建立于 19 世纪,是 19 世纪初法兰西第一帝国崩溃后,英国作为均势政治的"操盘手",与以俄、普、奥为首的战胜国通过维也纳会议在欧洲大陆上建立的多极均势体系。18 世纪末 19 世纪初,法国大革命和拿破仑战争打乱了欧洲各国的政治结构和领

---

① 简军波:《当前国际体系分析》,载《学术探索》2008 年第 5 期,第 35—41 页。

土疆域,打破了建立在旧王朝统治基础上的欧洲均势。1814—1815年欧洲列强召开维也纳会议,按照正统主义和补偿原则建立起维也纳体系,形成"欧洲协调"的多极均势格局。[①] 然而,维也纳体系是少数大国决定世界命运,实行强权政治的体系,其内在矛盾也决定了该体系的最终崩溃。[②]

取代维尔纳体系的是凡尔赛－华盛顿体系,建立于第一次世界大战以后,是各帝国主义战胜国建立的一种新的国际关系体系。各帝国主义战胜国根据新的力量对比,经过斗争及妥协调整了彼此的关系,又通过1919年巴黎和会签订的包括《国联盟约》的《凡尔赛和约》及其他条约的法律形式,调整了列强在欧洲、北非和西亚的利益,确定了战后欧洲国际关系的新体系——凡尔赛体系。[③] 后来,又通过1922年华盛顿会议调整和重新确定列强在远东、太平洋地区的利益关系,按新的实力对比建立暂时均势,形成华盛顿体系。凡尔赛－华盛顿体系主要是为了满足两大帝国主义集团中战胜国一方的私利,而所依赖的均势又并不可靠,因此充斥着脆弱和不稳定。

雅尔塔体系则是对1945年至1991年间国际政治格局的称呼。1939—1945年的第二次世界大战的战火蔓延到欧、亚、非三大洲和各大洋。凡尔赛－华盛顿体系也在二战中走向瓦解。第二次世界大战以美、苏、英、中四大国为首的反法西斯大同盟最终战胜法西斯集团,取得战争的胜利。二战结束前夕,苏、美、英三大国出于各自

① 孙兴杰:《克里米亚战争、"东方问题"与维也纳体系的重组》,载《经济社会史评论》2019年第3期,第61—73页。
② 孙兴杰:《柏林会议与"东方问题"巴尔干化的起源》,载《吉林大学社会科学学报》2019年第1期,第209—218页。
③ 王榜、申宪法、王宗涛:《浅析凡尔赛——华盛顿体系》,载《历史教学》1999年第1期,第40—43页。

利益的现实考虑和战后世界秩序的长远考虑,通过 1945 年雅尔塔会议及其前后召开的一系列重大国际会议的较量、妥协和交易,达成若干对战后国际关系产生全局性、持续性、制度性影响的公开的和秘密的协议。这些协议具有美苏合作与划分势力范围的双重特征,从而为以后美苏形成的两极格局奠定基础。[①] 雅尔塔体系成为冷战和美苏对抗的长时段标志。冷战的形成强化了这个体制中的对抗,核武器的出现形成两极体制下僵化的"恐怖均势"。1989 年的东欧剧变和 1991 年的苏联解体,标志着两极格局的瓦解,也象征着雅尔塔体系的瓦解。

二是主要大国崛起的历史演变。世界的发展伴随着大国的兴衰,16 世纪的葡萄牙,17 世纪的荷兰,18 世纪、19 世纪的英国,20 世纪的美国与苏联,以及在一段时间内曾经崛起的法国、德国、日本等,都曾在近代以来的地区或全球体系中占据重要地位,但又经历了从鼎盛到衰落的进程。15 世纪末期开始的地理大发现使全世界建立起了日趋紧密的联系。贸易和科技的巨大进步促进了欧洲在这一时期的快速发展,奠定了其日后在全球范围独占鳌头的强大基础,使得欧洲成为近代国际关系的中心。葡萄牙和西班牙作为近代历史上最先实现民族统一的国家,通过新航路的开辟与海外殖民地的建立,从美洲攫取了大量的财富,在大航海时代建立了最早的海上殖民霸权。[②] 16 世纪中后期,随着《权利法案》的颁布,英国确立了君主立宪制的资产阶级统治路线,在历经圈地运动、海外殖民扩张、资产阶级革命、光荣革命和工业革命的洗礼之后,英国在 18 世

---

① 李世安:《从国际体系的视角再论雅尔塔体系》,载《世界历史》2007 年第 4 期,第 43—52、160 页。

② [美] 保罗·肯尼迪:《大国的兴衰》,陈景彪译,北京:国际文化出版公司 2006 年版,第 14 页。

纪、19 世纪成为世界上最强大的国家,领导全球发起了一场工业大生产革命。工业革命对英国社会产生了深远的影响,推动英国社会生产力的巨大发展,使英国各工业部门迅速建立,到 19 世纪 50 年代取得世界工厂和世界贸易的垄断地位。与此同时,英国早先确立的强大的海上优势,使得英国的先进生产力迅速扩张至世界各地,而英国的价值观念也随着廉价商品迅速传播,最终奠定了英国全球性的殖民霸权地位。18 世纪后期,在长期交流融合的过程中,北美土地上的民众逐渐形成共同的语言和文化,民族意识不断觉醒。以波士顿倾茶事件为导火索,北美 13 个英属殖民地的人民为了对抗英国的经济政策,反抗英国的殖民统治,实现北美独立,同英国殖民者进行了一场长达 8 年的独立战争。1812 年,美国同英国又爆发了第二次战争,最终彻底摆脱了英国的控制。之后又经过南北战争,废除奴隶制度,大大推进了自由劳动制度下美国工业化的进程。两次世界大战期间,美国不断积累财富,以工业化和现代化奠定物质基础,推动资本主义经济的发展,并开始主导国际体系的建设。二战结束后,美国依赖其经济、军事和制度等层面累积的基础,一举成为全球超级大国,并主导了战后国际关系体系的基本走向。[①]

三是从地区国际关系到全球国际关系的历史演变。由于地理限制的原因,古代区域性国际体系相对独立,例如东亚曾经存在过的朝贡国际体系、意大利城邦国家体系、近代早期殖民主义浪潮开启前的欧洲国家体系,等等。现代国际体系则是以近代西欧国际体系为源头,是其全球扩张的产物。

---

① 宋涛:《大国崛起的地缘政治战略演化——以美国为例》,载《地理研究》2017 年第 2 期,第 215—225 页。

17世纪后半期,西欧国家创新性地建立了威斯特伐利亚体系、维也纳体系,并逐渐走到了世界前列,形成了以欧洲为中心的世界,而欧洲以外的多数国家和地区逐渐沦为欧洲殖民主义国家的势力地盘。随着工业革命的展开,欧洲国际体系更加占据绝对优势,并通过帝国主义扩张将更多非欧洲地区纳入自身范围,欧洲国际体系的地理和文化界限随之向全球扩展。由于欧洲列强对亚非拉广大地区的殖民扩张和资本主义商品经济的全球影响,19世纪40年代以后,欧洲区域性国际体系已发展为世界性国际体系。非欧洲世界要么按欧洲面貌塑造自身,要么彻底被殖民,在这一进程中,美洲、东亚等非欧力量通过现代化逐步进入全球市场,全球性的国际体系终于形成。①

全球化在此之后进一步深化与普及,人类建立与经历过的现代全球性国际体系包括凡尔赛-华盛顿体系与雅尔塔体系。以金本位和自由贸易、产业资本为经济基础的古典自由主义全球化经历了第一次工业革命与第二次工业革命,以此为基础的国际体系也经历了两次变更,西方对世界的主导第一次在地理上完成了全球性覆盖,形成"中心-半中心-边缘"现代世界体系。② 1945年,第三次工业革命即将来临之际,全球化进程却面临两大分支的竞争,一支是以苏联为首抗拒资本主义全球化的社会主义阵营,强调国家对社会的保护,限制市场经济,试图以制度优势超越西方。另一支由美国主导的西方阵营试图将内嵌自由市场秩序的全球化推广到全世界。20世纪80年代之后,发端于英美的新自由主义席卷资本主义各国,以

---

① 时殷弘:《从欧洲体系到全球体系——现代世界进程的一个基本方面》,载《太平洋学报》1999年第3期,第62—71页。
② [美]伊曼纽尔·沃勒斯坦:《现代世界体系》,郭方、刘新成、张文刚译,北京:社会科学文献出版社2013年版,第58页。

"华盛顿共识"①为标志的治理思路成为正统理念。冷战结束后，随着经济全球化趋势迅猛发展，世界正逐渐进入全球化时代，全球化趋势发展对国际体系产生重大影响，促使当前国际体系发生深刻变革。

四是中国与世界关系的历史演变。近代以来，中国因为清政府的腐败无能和闭关锁国政策而落后于西方，并逐渐沦为列强肆意凌辱的弱国。直到中国共产党领导的新民主主义革命推翻帝国主义、殖民主义和官僚资本主义"三座大山"，建立中华人民共和国之后，才得以独立自主地发展同世界各国的关系。如果考察新中国成立后的几个不同时期，可以发现中国与世界其他主要国家（如美国、苏联等）和其他部分（如广大亚非拉地区的第三世界国家）的关系发展也经历了几个重要阶段。

新中国成立初期，以苏联为首的社会主义阵营和以美国为首的资本主义阵营形成壁垒分明、相互对立的局面。中国选择实行"一边倒"外交战略，在国际政治立场上坚定站在苏联阵营一边。"一边倒"战略使新中国在国际社会得到了一个有力的支点，有利于新中国在成立初期百废待兴的环境中拥有一个较为稳定的国际环境，令新中国得以发展经济，建设国家。但是，苏联表现出的大国主义倾向也对中国造成一定的不利影响，为之后中苏关系破裂埋下伏笔。②

20世纪50年代末到70年代初，中国对外政策由"一边倒"转向

---

① Michael，S.，"Some Thoughts on the Washington Consensus and Subsequent Global Development Experience"，*The Journal of Economic Perspectives*，Vol.35，No.3，2021，pp.67－82.

② 朱陆民、鞠丹：《美国对中苏的"楔子战略"：从预阻到分化》，载《吉首大学学报（社会科学版）》2020年第1期，第102—112页。

"全面出击"。由于中苏在社会主义意识形态上出现分歧,双方关系恶化,中国开始加强与西方世界的关系,与日本、欧洲接触并尝试发展关系,并且积极支持亚非拉发展中国家反对霸权主义,争取民族独立解放的斗争。

20世纪70年代,基于客观国际环境及国内对国际形势的认识,中国对外政策再次调整。美国面对错综复杂的国际、国内形势,选择通过与中国和解并改善关系来遏制苏联的扩张势头以维持自己在国际上的"领导地位"。这同时也给中国维护国家安全提供了绝好的契机和条件。中美关系改善以后,中国在对外关系上实行"一条线、一大片"的外交战略,联合西方国家和亚非拉发展中国家,提出"三个世界理论"①,建立反对苏联霸权主义的国际统一战线。

冷战结束后,国际局势再次转变,世界政治向多极化发展,中国积极发展与世界各国的关系,以一个社会主义大国的姿态屹立在世界舞台上,并且随着中国经济的稳步发展,中国作为世界大国的地位和作用将更为显著。②

历史维度是本课程教学的出发点与核心。要把握好该维度的教学,需要以国际体系的变迁为主线、背景,以大国兴衰的历史构筑其内容,在此基础上,一方面要强调宏观上全球化的发展进程,另一方面应重视我国与世界上其他部分的关系、我国融入世界的历史,注重以中国和世界关系为主线的研究。③

① 宫力:《"三个世界划分"理论对当代中国的深远影响》,载《中国社会科学》2012年第8期,第24—30页。
② 王梓元:《地位政治与中国崛起的地位伸张》,载《外交评论》(外交学院学报)2021年第1期,第47—69页。
③ 严双伍:《新时代中国国际关系学知识体系的重塑》,载《西安交通大学学报》2021年第2期,第96—102页。

二、"国际关系史"课程教学的理论维度

国际关系史学者通过研究历史而发现的规律要被世人接受,就需要经过两重检验:第一是逻辑自洽;第二是经验证据支撑。如果这两重检验都通过了,就可以把这样的规律上升为国际关系的科学理论。[1]

在"国际关系史"课程教学中,要特别关注从理论高度去认识特定国际关系史实得以形成的理论原因,引导学生利用特定的国际关系理论来解释历史事件。与此同时,在描述客观历史的基础上,分析理论是如何从特定历史事件中得以总结归纳,从而让学生探究因果,探寻国际关系交往中的普遍规律,理解历史"为什么是这样",最终学以致用,学会举一反三,将理论分析应用于更多国际关系事件之中。

首先,理论可以引导学生去发现和把握隐藏在历史表面之下的深层逻辑,从而使他们透过历史现象明晰国际交往的本质。在国际关系相关学科课程领域,经常会涉及均势、联盟、威慑、遏制、地缘政治、世界体系、安全困境、安全合作、外交决策等理论概念,但在关注这些理论的同时,往往会忽视与这些理论应用相对应的历史背景,导致学生对相关理论知识的理解容易偏向表层,缺少触类旁通的能力。比如均势理论作为国际关系理论中最常被提起的理论之一,其核心思想长期应用于国际交往中。正如怀特所说:"均势是大多数国家在多数情况下寻求自我保存的政策。只要没有国际政府,国

---

[1] 黄琪轩:《探索国际关系历史规律的社会科学尝试——问题、理论视角与方法》,载《国际论坛》2019 年第 4 期,第 104—121 页。

家因此而主要专注于自己的生存,国家就会去寻求在各国间维持某种平衡。"①在不同的时间段,国际关系学者对均势有着不同的理解与解释。均势思想来源于欧洲的古老政治经验和外交实践,亚里士多德、奥古斯丁、马基雅维利、休谟和卢梭等学者都堪称均势思想史上的坐标,他们完成了"均势"从历史经验到国际体系构想的思想演进。②近代以来,均势理论在国际关系学中几经沉浮,有推崇者也有贬损者,但是我们不论是支持它还是反对它,只有结合相对应的历史背景,将其与具体历史事件相结合,才能使学生对均势理论有更加深入的了解。均势理论本质上所探讨的是在怎样的国际结构下,各大国能维持相对和平与稳定的格局与趋势,如维也纳体系时期英、法、俄、普、奥五强之间大国均势和欧洲协调格局。然而,对均势的理解还要考察维持均势格局表象的各大国试图追求优势而对均势格局产生的冲击。事实上,从威斯特伐利亚体系到维也纳体系再到凡尔赛-华盛顿体系,从雅尔塔体系到冷战后体系,国际关系历史上反复地演绎着均势从形成到局部动摇,再到最终解体,进而重建的循环。

同时,对于国际关系理论中较为经典、重要的不同流派思想,也可根据相关史实进行介绍与解读,例如自由主义、现实主义及两者内部不断分化、衍生的新思想,英国学派(或称国际社会学派),建构主义等。我认为,这有利于启发、帮助学生从多种角度看待某一段历史或某个历史事件,在解读过程中,要着重分析各个流派理论形成的背景与其所主要关注的领域,分析每一种流派的可取之处与局限性,既达到拓宽学生知识面、启发学生掌握分析事物的方法的目

---

① [英]马丁·怀特:《权力政治》,宋爱群译,北京:世界知识出版社2004年版,第125页。

② 魏炜:《均势的理论化及其对国际关系的影响》,载《国际观察》2006年第1期,第55—60页。

标,又为其营造较为充分的批判性思考的空间,使其可以熟练掌握并运用所学知识,构建自己的知识体系与逻辑框架,提升对社会历史的分析能力。

其次,结合国际关系理论的"国际关系史"课程教学可以将一些分散的历史事件加以联系,进而归纳总结,帮助学生从国际关系理论的角度加深理解。面对纷繁芜杂的现实世界,至少需要对事件的原因与结果形成最初步的理解,并且需要以一定的方式对现实进行简化和解释,才能理解事件。如果不加以简化,即使对于过去一小时身边发生的事,人们也难以进行描述和理解。[1] 以联盟理论为例,联盟是国际关系中经久不衰的合作方式。不同国家为了应对那些对自身安全构成危害的外部威胁,往往会选择结盟来共同对抗。国家间结盟与反结盟的斗争贯穿了人类近现代历史,而合纵连横和联盟交锋的结果往往关系到大国的兴衰、地区的稳定以及新旧国际格局的转换。国与国之间地理位置的远近、军事力量的强弱,均会影响国家的结盟策略。相对距离是影响国家联盟的因素之一,由于国家的力量投射能力会随着地理位置的远近而有所变化,距离较近的国家通常会被认为比距离远的国家威胁更大。在其他条件相似的情况下,国家更有可能针对临近的威胁做出是否结盟的选择,而不是距离较远的大国,比如 19 世纪后期,俄国与法国改善关系并建立联盟对抗德国。而在其他条件类似的情况下,拥有强大军事进攻能力的国家比没有这种能力的国家更容易引发联盟的建立,强大的军事能力与相对较近的地理位置两者结合产生的直接威胁就会使其他国家产生强烈的制衡动机,而这正是威胁制衡理论所揭示

---

[1] Nye, Jr., J. S., "International Relations: The Relevance of Theory to Practice", in Reus-Smit, C. & Snidal, D. (eds.), *The Oxford Handbook of International Relations*, New York: Oxford University Press, 2008, pp.648 - 660.

的重要规律。

在教学过程中,应进一步运用多种不同的国际关系理论流派(如现实主义、自由主义、建构主义、马克思主义等)解读相关的国际关系事实,帮助学生从多方面和多视角进行思考。例如分析欧盟和欧洲一体化的形成与发展时,可综合运用不同理论,从多个层面讲解各类行为的基本逻辑。现实主义理论强调国际社会的无政府状态、国际关系中的国家主体性及对权力政治的强调(新现实主义在此基础上还强调国际社会"结构"对国际关系的影响作用)。在现实主义看来,欧盟形成的主要原因是二战后美苏崛起,西欧成为美苏冷战的前哨,那些早已失去全球霸权的欧洲各国为避免重蹈权力争斗的覆辙,联合自强而结为联盟。在解释美国对欧盟形成的影响(如西欧各国经济的恢复)时,可借助现实主义对"马歇尔计划"这一历史决策的理解,向学生阐释美国与苏联争夺全球霸权、扶植西欧各国、构筑冷战"铁幕"的重要目的。自由主义理论在很多层面与现实主义相对立:强调全球化、自由市场与国际间畅通无阻的经贸合作(复合相互依赖理论),强调国家行为体的有限性、国际组织的必要性与相关规则(制度自由主义理论),或强调民主制度与和平的关系(民主和平论),其偏向于将国际关系视为"正和博弈"。利用自由主义理论,可以理解欧盟作为当今世界在地区一体化、全球化方面最为成功的超国家行为体,如它的成员国何以消除百年的宿怨,以及它们如何实现统一货币、消除关税的种种目标,都无不体现着自由主义理想的印记。建构主义是近年来新兴的理论流派,以亚历山大·温特为代表。其主要观点为:结构与单位的互相建构,身份、利益与行为的联系以及三种无政府状态的文化。建构主义强调的"身份""话语"也同样与欧盟这一超国家行为体建立、维系的根基相关。尤其是在当今世界,欧盟作为一个活跃的地区一体化组织,在国际政治博弈和全球治理演进过程中制定何种政策、采取何种行动，与其建构的自身利益、身份定位息息相关。在教学中适当引入特定国际关系理论的视角，从不同角度对历史或现实事件进行分析，由此增强学生的理论素养，训练以系统的观点理解和解释国际关系历史的能力，是十分必要的。

最后，在国际关系史的学习过程中结合国际关系理论和分析可以帮助学生总结历史上的经验教训，从而做到不断扬弃。以地缘政治理论为例，国家间的交往无法摆脱地理空间的限制，不同的历史时期出现过不同的地理政治理论。早期的经典地缘政治理论，如国家有机体论、海权论、陆权论和边缘地带论等，虽然表现形式和研究内容存在差异，但是每一种地缘政治理论都是当时时代背景下的产物。任何理论都存在一定的缺陷[1]，随着新情况的不断出现，各类地缘政治理论存在的问题和不足逐步暴露出来，从而引起人们对地缘政治理论进行反思和批判。以麦金德的地缘政治理论为例，麦金德的地缘政治理论中最为人所熟知的就是："谁统治了东欧，谁就能控制大陆心脏；谁控制了大陆心脏，谁就能控制世界岛欧亚大陆；谁控制了世界岛，谁就能统治世界。"[2]然而不论是纳粹德国对东欧的控制还是苏联对东欧的控制，都没有达到麦金德预言的结果。鉴于此，当今世界的地缘政治理论界，主要是美国的地缘政治理论界，对麦金德的陆权论进行了明显修改，认为只有掌控整个欧亚大陆而不仅是东欧，才有可能达到统治世界的目的。[3] 地缘政治学是对国家

---

[1] 陈小屋：《"经典路径"与国际关系理论建构——对国际关系学科史上"第二次论战"的再思考》，载《国际政治研究》2021年第1期，第98—121页。

[2] Mackinder, H., *Democratic Ideals and Reality: A Study in the Politics of Reconstruction*, New York: Henry Holt And Company, 1942, p.150.

[3] 张怀民、郝传宇：《从地缘政治理论的历史与现状看其发展趋势》，载《现代国际关系》2013年第2期，第52—57页。

的政治和地理意义的书写,因此在教学中,应结合历史经验明确地缘政治学以一定的地理和政治形式为前提,即它有其语境性,不是中立与客观的。对于一个特定时代所产生,或是从某个特定视角所形成、发展而来的地缘政治理论的内涵,并非永远不变,而是会随着国际形势的变化而改变。而在充分了解历史背景后汲取原有理论中的精华,在此基础上衍生出更具科学性的理论内涵,则具有重要意义。

三、"国际关系史"课程教学的政策维度

政策的制定与国际关系息息相关,国际格局的转变、国际形势的变化以及诸多其他因素都会对政策的制定及政策的实施造成巨大影响。因此,在"国际关系史"的课程教学中,对重大的政策议题的分析也是重要环节之一。

第一,通过分析大国在重要历史关头,例如重要国际会议、国家统一时期的政策方向,分析其对外政策制定时所考虑的国际政治环境、所具有的优势条件,对外政策的目标和手段、面临的挑战和难题,进而对政策本身进行评估,从而使学生对政策的制定有直接客观的了解。以美国独立战争期间的政策转向为例,韦尔·让在1778年代表法国与美国签订《美法同盟条约》,纵观美国独立战争,无论是财政、军火援助,还是直接出兵牵制英国海军的军力,法国都为北美殖民地的抗英斗争付出了巨大资源和代价,甚至使本国财政不堪其重,埋下了波旁王朝覆灭的祸根之一。[①] 然而,当美国大陆

---

① 毛倩:《1778年美法同盟的建立及其影响》,载《历史教学(下半月刊)》2013年第6期,第57—62页。

军在法国援助下实现反击,构建起庞大的反英联盟,将英国逼到了极为不利的情况后,却及时进行了政策转向,为保住独立成果与优势,迅速与英国议和,且这一行动并没有在法国知情下进行。这个案例中,美国彼时的领导人在美、英、法三边关系中占据了主动地位,通过结盟或斡旋,使本国的利益达到最大化,促成了北美殖民地最终独立。同样,这一案例中的美国外交转向的灵活性也值得我们在"政策"这一维度下进行思考:无论是在以少敌多、以弱敌强的形势下反抗英国,联络法国建立美法同盟,还是在战争天平转变后及时寻求议和,不惜利用在独立战争中付出巨大代价的法国,都一定程度保证了美国建国后与英国的商贸关系,体现了其对于彼时国际背景、国家利益的准确把握,这样的分析有助于学生从国家利益出发深入理解政策问题。

第二,某个国家在一定时期制定、执行的政策也反映乃至影响着彼时国际理论的嬗变与发展,针对政策的研究在"深入理解历史"与"透彻解读理论"之间起着桥梁纽带的作用。在教学过程中注重对历史中各类政策的分析与解读,并对其脉络加以梳理,有助于将"国际关系史"这门学科完整而立体地展现在学生面前,这也是该课程教学改革的重点方向之一。以雅尔塔会议为例,该会议是美、英、苏三大国于1945年2月在雅尔塔举行的一次关于制定战后世界新秩序和战胜国利益分配问题的关键性首脑会议。随着第二次世界大战进入最后阶段,反法西斯盟国军事行动的逐步推进,同盟国需要迅速达成协议,制定相应有效的政策,以解决结束战争、重建战后世界秩序等一系列政治问题,基于实现战后世界国际安全的基本需求,三大盟国客观上越发迫切地需要举行新的最高级会晤。雅尔塔会议意义重大,制定的政策包括盟国对战败国的处理、战后欧洲的划分、对华政策、战后远东的安排以及大国势力划分的范围等,并为之后美苏形成的两极格局奠定了基础。三大国基于当时国际环境以及自身利益需求,通过一系列的较量、妥协和交易,作为大国主宰安排战后秩序,最终反映在《雅尔塔协定》这一涉及政治、军事、经济各领域的政策安排中,对世界政治格局造成巨大且深远持久的影响,在几十年间影响乃至决定了东西方的历史进程。许多重大国际事件,都可以直接或间接地在雅尔塔会议上找到渊源。在授课过程中,可结合时代背景和会议内容,分析各国的政策目标和具体行为,帮助学生在了解国际关系历史脉络的同时把握其中丰富的政策信息。

"雅尔塔协定"一定程度上成为新的权力分配依据,美国凭借强大的经济和军事实力建立起全球霸权,在与苏联的争霸对峙中处于攻势地位,在柏林、东欧、朝鲜半岛等地区同苏联展开激烈博弈,但是到了 20 世纪 60 年代末至 70 年代初,由于军费开支、通货膨胀等日趋严重的经济问题,美国在国内外都遇到了前所未有的困难和挑战,其霸权地位受到严重冲击。经济霸权的衰落直接冲击了美国政治霸主的地位,西欧、日本等势力不再唯美国马首是瞻,而是更多地从自身利益出发制定自己的对外政策。美国与苏联的力量对比也发生了有利于苏联的明显变化,苏联的战略性核力量迅速发展,逐渐追赶上美国的脚步,美苏之间基本形成核均势。与此同时,苏联也进一步采取扩张性、进攻性政策,将自己的势力延伸至东欧等地区,与西方世界对峙,国际实力对比情况甚至继续朝着不利于美国的方向发展,迫使美国停止并改变了众多对外政策,如放弃布雷顿森林体系和联合中国应对苏联威胁。尼克松担任美国总统后,对国际形势的变化和美国地位的衰落有较为清醒的认识,主张采取较为现实的收缩政策来实现美国的战略目标。

到了 20 世纪 70 年代末,随着苏联的霸权输出达到巅峰,冷战双方的天平发生微妙的变化。里根上台后改变了"尼克松主义"指导下的种种政策,转而采取"以实力求和平"、与苏联争夺第三世界等战略,并积极利用自身的力量优势,支持阿富汗与苏联进行"低烈度战争",最终使得苏联在内忧外患(阿富汗战争带来的财政危机、国内轻重工业不平衡、民族矛盾严重等等)之下解体,美国兵不血刃地赢得冷战,并获得了之后持续多年的发展红利,一举成为世界唯一超级大国。不难发现,美国的对外(苏)政策在不同时期有所不同,但自雅尔塔会议后循序而变,绝非割裂、无迹可寻的。

第三,在针对"政策"这一环节的教学中,除了应强调政策本身的内容与战略目的,还应重视某一政策出台的国际、国内背景,政治、经济、文化渊源,以及其在实施过程中可能会关联、影响的领域(例如某一政策是政治性的,但在执行过程中必然伴随着一定的经济、文化甚至意识形态方面的影响)。这一形式的教学可通过两种方式进行,一是常规的课堂分析,二是鼓励并引导学生进行相关的课后阅读。课后阅读可设置一定的反馈与点评讨论,使学生在充分阅读本专业文献的基础上,更加详细地了解历史,拓宽自身的知识面,锻炼自身的思考能力,并通过后续的讨论、答疑将知识巩固、深化。

以 1962 年中印边境自卫反击战为例,战争之前数年,印度已开始在边境地区不断蚕食我国领土,且无视我国多次希望谈判沟通、和平解决的尝试与努力,而对此,我国所采取的政策偏于隐忍。这与彼时我国所处的国际环境有着很大关系:20 世纪 50 年代末,中美关系仍处于朝鲜战争带来的阴霾之中,而中苏关系也发生着微妙的变化,两国间的分歧已然有所显露,印度则与苏联保持了较为友好的外交关系,因此,在处理中印矛盾的困局中,我国无疑处于劣势、孤立地位。而 1962 年,古巴导弹危机爆发,美苏以及整个世界的注意力被其吸引,无暇顾及南亚事务,在此情形下,中国对当时不断蚕食中国领土的印度如何及在何种时机下进行自卫反击就变得十分重要。事实上,中国把握住了这一短暂却重要的机遇,果断调整政策,实施对印自卫反击,在速胜后又随着古巴导弹危机的解决及时撤兵,由此赢得了之后数十年中印边境的安宁。

历史维度需要政策维度的细化。影响政策制定和实行的国际政治环境构成要素有很多,包括国际安全环境、国际政治格局、国家整体实力等。在学习国际关系史的同时,结合具体历史事件分析某一特定政策,有助于学生基于时代背景深刻认识政策的实施始末及造成的影响。回顾历史中的某一决策,只有厘清背景,才能对相关的国际关系史实形成正确的理解。

四、结合理论探究和政策分析的"国际关系史"教学

上文分别阐释了由历史、理论与政策维度展开教学的重要性及思路,通过对各维度框架与经典案例的分析,为本课程教学改革明确方向。作为国际关系专业最基础的课程,"国际关系史"仍需在三维度的基础上整合,使之整体化和系统化。

在传统的"国际关系史"教学中,往往会走入只进行历史的传授,而缺少相关专业理论的阐释,以及仅对重大历史事件中特定政策的分析这样的误区;又或者只对理论、政策进行字面意义的解释,学生只学到了拗口难懂的理论皮毛,却对其真正的内涵和影响一知半解。因此,"国际关系史"课程教学改革的重点与办法并非仅仅将国际关系理论、政策研究引入历史教学这样简单,而是要实现历史、理论和政策三维度的深度融合,可以说这是本课程教学改革的"深水区"。

首先,要融合国际政治理论与历史的知识——可通过为学生导读或推荐各理论学派的经典著作实现。理论来源于历史,是学者基于长期观察、提炼和概括,最终归纳而获得的关于客观世界规律的理解和论述。由于历史自身具有严谨性与厚度,理论反过来又可以解释历史。理论来源于实践,最终也将指导实践。国际关系理论"服务于历史实践,并接受现实历史的检验"[①]。理论无法脱离历史,在梳理和解释的过程中,使用理论可以帮助学生总结历史经验,对所学知识去伪存真、由浅入深,把握国际关系发展进程中的发展脉络与历史走向。而对经典读本的适当引入,则是培养这一综合思维能力的捷径:无论是传统国际政治理论(如现实主义、自由主义),还是新兴的建构主义、国际政治经济学,其源头的经典著作总不乏对史实的引用,而对当代学术著作的阅读和理解,也正契合了教学改革关于不断加强学生阅读经典文献能力的要求。

其次,要将对外政策的引入和分析与史实进行有机结合——在课堂讲解中选择典型政策案例,加强对其横向(同时代各国相关政策)与纵向的(一国不同时代相关政策)比较研究评析。国际政治理论对政策分析有着重要且积极的影响,使用国际政治理论分析对外政策,要强调其科学性与实用性。正如罗伯特·基欧汉等学者主张的:"理论是必不可少的;任何经验的或实际的分析都是以理论为基础的。"[②]国际关系理论可以从有关国际政治格局的分析、国家交往核心因素、国际形势变化因果关系等诸多方面,为政策制定者提供战略眼光和战略思维。

最后,同一史实中的对外政策可以通过不同的国际关系理论展

---

① 倪世雄:《当代西方国际关系理论》,上海:复旦大学出版社 2001 年版,第 6 页。
② [美]罗伯特·基欧汉、约瑟夫·奈:《权力与相互依赖:转变中的世界政治》,林茂辉等译,北京:中国人民公安大学出版社 1991 年版,第 3 页。

开分析——以组织课堂讨论或学生汇报的多种形式，促进学生课后的多角度思考与判断。在面对历史上某一重要对外政策时，不同的国际关系学者往往会使用不同的国际关系理论分析，带来不同的观点。以第一次世界大战的爆发为例，肯尼斯·华尔兹在他的《人、国家和战争》一书中，重点从人性、国家特性和国际体系性质等三个层次分析战争的起源问题。① 国际关系的进攻防御理论则从攻防平衡的角度，认为一战前的军事技术发展更加有利于防御，但欧洲各个大国却误判为有利于进攻，因此它们均采取进攻性战略，最终导致一战的爆发。

当前，有关国际关系史教学方向的研究方兴未艾。无论理论探究抑或政策分析，最终目的都是帮助学生更加深刻地认识国际关系史这一学科。历史、理论与政策"三位合一"的教学有助于学生从整体上把握国际关系的演变历程，让学生积累国际关系历史的知识。国际历史知识、理论探究和政策分析相结合，既可从宏观上统揽国际关系发展演变的大方向，又可通过对特定政策的细致分析，学习特定环境中国家对外政策制定的影响要素。在"国际关系史"课程中结合理论与政策，还能够增强学生对所学知识的应用实践能力。单一的历史教学往往会陷入老师单方面传授，而学生一味接收知识、不加思考的窘境。倘若缺少课堂参与度，学生也会对所学知识缺少兴趣。而通过经典解读、主题研究与反馈、课堂讨论等具体教学手段，不仅可丰富教学层次，还可针对重要历史事件设置专题，利用现代信息资源获取的便利，鼓励学生接触原始资料，在所学基础上对其进行准确解释与分析，增强学生对所学内容的理解。

---

① ［美］肯尼斯·华尔兹：《人、国家和战争》，倪世雄等译，上海：上海译文出版社1991年版，第198页。

　　概而言之,"国际关系史"课程的教学改革应立足于历史、理论与政策三维度的有机融合,而这一"融合"性质的改革已处于"深水区",需要超越简单的内容堆砌、罗列式的传统教学办法。落实"国际关系史"课程的教学改革,应当在教学过程中挖掘更多有助于三个维度相融合的教学元素,使学生掌握相应的历史知识和理论基础,并且对课堂知识能够灵活运用,有能力对特定政策进行分析,通过加强过程管理,达致教学和育人的效果。

"课程思政"视角下政治社会学
教学方法改革研究

余敏江

【内容提要】 当前中国高校教育面临思想意识淡化的威胁,"课程思政"旨在促进专业课程与思政元素有机融合,是为解决这一问题而提出的有效路径。政治社会学"课程思政"改革能有效摆脱学科困境,把握时代机遇,提升发展水平。政治社会学因其具有学科议题现实性、价值判断本土性及研究方法多元性三重特性,而具有"课程思政"改革的可行性。推进政治社会学教学方法改革需要重构德政兼修的教学内容,做到专业教学与思政教学的有机结合,同时,逐步推进以"案例导向、场景交互"的教学方法创新、"课前课中课后"的教学过程创新以及理论教学与社会实践相结合的教学方式创新,从而使政治社会学"课程思政"达到"润物细无声"的效果。

【关键词】 课程思政　政治社会学　教学方法改革
【作者简介】 余敏江,同济大学政治与国际关系学院教授。

　　"课程思政"是中国高等教育"立德树人"理念的延续与深化,是将思政教育理念融入各学科教学全过程的指导理念,是不断加深并强化高校思想教育工作的必由之路。2016 年习近平在全国高校思想政治工作会议指出:"要用好课堂教学这个主渠道,思想政治理论课要坚持在改进中加强,提升思想政治教育亲和力和针对性,满足学生成长发展需求和期待,其他各门课都要守好一段渠、种好责任田,使各类课程与思想政治理论课同向同行,形成协同效应。"[①]以此为基础,全国高校开启从"思政课程"这一单纯强调"显性思政"的教学模式到以强调"显性思政"为核心、"隐形思政"为主干的"课程思政"的转变。[②]

　　在具体教学实践中,不少知名高校行动迅速,取得显著成果。例如,北京大学搭建思政实践平台,清华大学进行"同向同行"课程思政改革专项活动,复旦大学实施"课程思政"攻坚行动,等等。但从全国范围看,当前的"课程思政"改革在某些领域、某些课程中依然进展缓慢。哲学社会科学是课程思政建设的关键力量和重要支撑[③],搞好哲学社会科学的"课程思政"改革有助于实现"全面突围"。政治社会学作为哲学社会科学两大基础学科(政治学与社会学)的交叉学科,始终关注政治现象与社会结构的互动。[④] 因此,探索作为哲学社会科学重要门类的政治社会学"课程思政"教学改革

---

① 习近平:《习近平谈治国理政》(第 2 卷),北京:外文出版社 2017 年版,第 378 页。
② 高德翼、宗爱东:《课程思政:有效发挥课堂育人主渠道作用的必然选择》,载《思想理论教育导刊》2017 年第 1 期,第 31—34 页。
③ 《以"课程思政"为抓手构建大思政格局》,教育部网,2017 年 4 月 14 日,http://www.moe.gov.cn/jyb_xwfb/xw_zt/moe_357/jyzt_2018n/2018_zt01/zt1801_gddx/201801/t20180109_324057.html,访问时间:2021 年 7 月 15 日。
④ Walder, A. G., "Political Sociology and Social Movements", *Annual Review of Sociology*, Vol.35, No.1, 2019, pp.393 - 412.

方案有助于深入挖掘其蕴含的思想政治教育元素，提升该课程的价值内涵并完善教学功能。

一、"课程思政"视角下政治社会学教学方法改革的必要性

随着近代以来国家与社会关系的发展，与政治分立的社会部分地具有了政治的意义，社会成为"政治性社会"，个人成为"政治人"。[1] 以上变化使得诞生于却不同于政治学与社会学的政治社会学拥有独特的研究价值——探索"政治性社会"的元素、过程与机制。

政治社会学的主题，是讨论权威的社会性来源，即社会势力怎样形成政治权威，以及政治权威怎样集聚和改变社会中的利益组合和势力关系；政治社会学的形式是混合的，吸取了大量传统学科（人类学、经济学、历史学、政治学及社会学等）的不同知识贡献；政治社会学的主流分析立场是结构的、宏观的、历史的、比较的及定性研究式的；政治社会学的分析单位通常是权力或权威在社会中分布的制度化结构。[2] 由此可见，政治社会学是一门研究国家政治权力嵌入社会的"锚点"及其运行规律的科学，本质是对国家与社会应如何互动以满足国家权力的"社会来源"与社会组织的"权威行动"的探索。从这个意义上说，政治社会学教学不仅是为了培养具备学科专业素养的知识精英，更是为了把握其公民人文素质教育延伸的实质——通过政治社会学的教学，使作为公民的学生了解社会现象背后的政

---

① 王威海：《政治社会学：范畴、理论与基本面向》，上海：上海人民出版社 2008 年版，第 17 页。
② 张静：《政治社会学及其主要研究方向》，载《社会学研究》1998 年第 3 期，第 15—16 页。

治根源及政治现象背后的社会基础,加深对于社会"政治性"的认知,完成"社会人"向"政治人"的转变,最终促进国家与社会的交融。因此,在政治社会学课程教学过程中有意识、有计划、有目的地设计教学环节,营造教育氛围,以间接、内隐的方式将施教主体所认可、倡导的道德规范、思想认识和政治观念有机融入教学过程,并最终传递给思想政治教育的受教主体,使后者成为符合国家发展要求的合格人才的教育教学理念,不仅尤为重要,而且尤为迫切。

政治社会学进行"课程思政"改革,首先要从当前学科发展建设的困境中找出教学方法改革内在动力,从内及外突破"改革瓶颈"。由于长期忽略思政价值塑造的学科内在要求,当前中国政治社会学出现教学内容和人才培养两个维度的矛盾。从教学内容维度看,可以分为知识体系的西方性与研究问题的本土性、价值范式的普适性与价值判断的特殊性两对矛盾。当前政治社会学大量借助西方研究成果,运用西方研究范式,不可避免地导致学科知识体系的西方性;然而政治社会学需要立足于当前社会实践发展,研究的问题普遍带有地域性、区域性与本土性。同时,西方政治社会学普遍将自身的价值范式升华为一种普适性的价值范式,但是大部分情况下,政治社会学的研究只有在尊重本土性价值判断的基础上,才能获得学理性意义。这两对矛盾使得政治社会学教学中容易出现理论体系与实践案例之间不匹配、理论价值范式与实践价值判断之间相冲突的情况,严重影响教学效果。从人才培养维度看,当前的政治社会学教学单纯侧重对知识体系的讲解与梳理,忽略了对学生的学科品质教育,割裂了对于马克思、托克维尔、韦伯等伟大政治社会学家的精神继承与关怀传承,致使学生从这门课程仅学到了"字典式"的知识体系,却难以体会到学科背后深切的现实关怀精神。同时由于上述教学内容中存在的矛盾,学科毕业生在现实工作中难以发挥自身学科的知识优势,致使学科专业竞争性减弱。

习近平强调指出,"社会大变革的时代,一定是哲学社会科学大发展的时代"①,中国政治社会学正迎来创建以来最好的发展机遇,需要立足新时代社会主义伟大实践,让世界了解到政治社会学理论演进的"中国风格"、范式发展的"中国特色"、议题建构的"中国气派"。对于政治社会学,课程教学是发展的"生命线",是成名学者在课堂场域将自己对于学科理解的"接力棒"传递到未来政治社会学研究者手上的"接力赛"。但上述存在的教学问题却使政治社会学"发育不良"和"交接棒"不畅,有错失发展机遇的风险。在当前时代大变革的浪潮中,只有明确政治社会学教学改革的内外因关系,持续不断坚持对教学方法的改革创新,才能推进中国政治社会学走上正确的轨道。

二、"课程思政"视角下政治社会学教学方法改革的可行性

政治社会学是研究政治权力的社会根源及在社会事务中运作规律的科学,迪韦尔热认为政治社会学是将"社会学的研究方法应用于政治现象"②的学科;奥勒姆则认为:"运用全景式观点观察世界,相信一定政治制度必然有其社会根源,考察政治制度的内生构造及时空演化是政治社会学异于其他学科的特点。"③可见,政治社

① 《习近平主持召开哲学社会科学工作座谈会》,新华网,2016 年 5 月 17 日,http://www.xinhuanet.com//politics/2016 - 05/17/c_1118882832.htm,访问时间:2021年 7 月 15 日。
② [法]莫里斯·迪韦尔热:《政治社会学——政治学要素》,杨祖功、王大东译,北京:华夏出版社 1978 年版,第 1 页。
③ [美]安东尼·奥勒姆、约翰·戴尔:《政治社会学》(第 5 版),王军、刘荣强译,北京:中国人民大学出版社 2018 年版,第 1—2 页。

会学是一门研究政治与社会变迁极为重要的科学,当前中国处于社会转型阶段,该学科理应发挥更大作用。因此政治社会学教学改革,必须深入挖掘自身学科要素,将学科自身要素与思政主题紧密结合。这需要从学科议题的现实性、价值判断的本土性及研究方法的多元性三个方面推进教学方法的"课程思政"改革。

第一,学科议题的现实性。米格代尔认为当今世界,若要理解"社会",离开国家是不可能的,国家与社会之间双向互动产生的结果更是事前难以预想的。① 这种"政治性社会"的不确定性使得政治社会学的研究变得尤为重要。自学科诞生起,著名的政治社会学研究的问题都是与此相关的现实的迫切问题:马克思研究社会经济结构关系对国家政治形态的决定性作用;韦伯研究社会文化结构对政治权威的影响;托克维尔强调公民-社会关系对社会政治运行的关键作用。② 随着政治社会学研究"充斥于整个社会生活中的权力现象"这一新范式对研究国家-社会二元关系的经典范式的补充与丰富③,政治社会学研究的话题几乎覆盖了整个社会领域。研究范围的广度使得政治社会学研究中积累了丰富且贴合现实的案例,在教学中可以选取具有理论代表性同时也不失研究趣味性的案例:不仅"寓情于景",还能"寓理于真"。同时,政治社会学的研究对象"政治性社会"本身即地方性社会政治关系的总和,具有较强的地方性色彩。学科研究鼓励对这种地方性知识的归纳升华,比如帕特南的经典著作《使民主运转起来》就是对意大利南北不同"政治性社

---

① [美]乔尔·米格代尔等主编:《国家权力与社会势力:第三世界的统治与变革》,郭为桂等译,南京:江苏人民出版社 2017 年版,第 31 页。

② [美]安东尼·奥勒姆、约翰·戴尔:《政治社会学》(第 5 版),王军、刘荣强译,北京:中国人民大学出版社 2018 年版,第 14—19、42—48、77—82 页。

③ 刘欣:《新政治社会学:范式转型还是理论补充?》,载《社会学研究》2009 年第 1 期,第 217—229 页。

会"的要素的考察与总结。① 中国政治社会学经过长期发展，在研究中积累了丰富的具有中国地方色彩的案例，使得教师能够在教学中潜移默化地通过本土性案例事实进行理论的"中国叙事"，传播案例蕴含的"中国故事"。同时，很多案例可能选自中国尚待发展的或具有社会争议的领域，这些案例往往凸显了大变革时代中国家与社会的阶段性困境。在教师引导并启发学生对以上困境的思考中，学生会逐渐形成"立学为民""修身治国"的学科情怀，达到"课程思政"期望的"无声胜有声"的教学效果。

第二，价值判断的本土性。社会科学不同于自然科学，对于绝大多数问题无法产生普适性的、超越时空的答案。第二次世界大战结束后，西方不少学者认为社会科学应当像物理学一般建设"价值无涉"的知识体系，此举导致"行为主义"风行，价值中立研究占据西方哲学社会科学主流的位置。但自"西蒙-沃尔多之争"后②，西方学术界重新掀起"价值回归"的浪潮并持续至今。社会科学"价值回归"的根源在于，社会科学无法离开对人类社会经验事实的价值判断，价值判断即社会科学的重要一环。虽然政治社会学毫无疑问是一门科学，但不同于以物理学为代表的自然科学，它必然需要某种程度的价值判断——首先要在最低限度上能够区分"好"与"坏"，才可以在规范事实层面做出研究。"矫枉过正"的行为主义并不能带来学科合法性的增强，反而会导致有价值的研究寸步难行。③ 政治社会学的价值判断需要在尊重社会现象客观事实的前提下，使得智识

① ［美］罗伯特·帕特南：《使民主运转起来：现代意大利的公民传统》，王列、赖海榕译，北京：中国人民大学出版社2015年版。
② 何艳玲：《公共行政学史》，北京：中国人民大学出版社2018年版，第71—83页。
③ 严强、孔繁斌：《政治学基础理论的观念：一价值与知识的辩论》，广州：中山大学出版社2002年版，第17—22页。

研究具备合法性。具体而言，政治社会学需通过建构于当前社会最广泛被人们所接受的社会文化结构基础上的判断体系，在尊重社会具体事实的前提下，结合学科自身从经验事实到理论范式的研究过程，进行合理的价值判断。这样的判断必然是依托特定社会结构的本土性而建立的。试图以一种普适性的价值判断特定社会的行为模式将极有可能曲解其内部机理，损害研究的规范价值。中国特色社会主义核心价值观是中国人民在中国共产党领导下长期奋斗所凝结的最能代表当代中国人民所凝聚的"中国声音"的价值体系，是中国政治社会学值得并必然依托的价值判断基础。中国政治社会学教师在教学中应以中国特色社会主义核心价值观为判断基点，注意引导学生据此进行价值判断的理论学习与具体实践，深入体会其中的价值内涵，促进专业课程教育与思政教育课程的有机统一，推进中国政治社会学学科教学体系、知识体系与话语体系的本土性发展。

第三，研究方法的多元性。政治社会学不仅在研究议题上涵盖极广，同时由于诞生于政治学与社会学两大学科的碰撞，其研究方法也极具包容性，社会科学几乎所有常规研究方法都能应用于政治社会学的研究。政治社会学研究中混合研究方法运用的增多[1]，正是该学科研究方法开放性的有力体现。王威海认为政治社会学在自身学科发展与吸收其他学科优秀的研究方法的基础上，逐步形成6种研究方法：系统分析法、历史研究法、心理研究法、团体研究法、角色研究法与比较研究法。[2] 研究方法的多元不仅在学术上使得

---

[1] 臧雷振：《政治社会学中的混合研究方法》，载《国外社会科学》2016 年第 4 期，第138—145 页。

[2] 王威海：《政治社会学：范畴、理论与基本面向》，上海：上海人民出版社 2008 年版，第 46—51 页。

政治社会学呈现百花齐放的态势,而且使得政治社会学在教学中无需拘泥于某一种教学方法甚至某一种教学场景,极大地丰富了教学内容。举例而言,教学可以通过"走出教室",由教师带队进行民族志调查而展开,也可以引导学生进行访谈并进行数据回归,甚至在某一社区进行扎根研究而进行。如此差异显著的教学方式并不会影响学科教学的价值与效果,正是政治社会学有别于其他社会科学的一大特色。多样的教学形式使得教师可以在政治社会学教学中灵活调整并选择适宜于当前教学进程的教学方法,无需拘泥于对知识点的重复"宣传",相对易于避免过分理论说教而引起很多教育失效的学生产生"无聊厌学"情绪。同时,政治社会学实践核心的研究方式也促使学生"走进社会",在不断自我观察社会变迁中思考现象背后的理论哲理与价值意义,在教师的有意引导下,学生在无形中不仅提升了对于思政价值理念的接受及认可程度,更是将"所知"结合"所看"提升为"所思",最后达到"所用"。

三、政治社会学教学方法改革的思路和举措

通过以上分析,推进政治社会学"课程思政"教学方法改革要把握好政治社会学的自身特点,将学科元素与思政元素有机统一。秉承以上认识,结合其他学科的改革经验,对政治社会学推进"课程思政"教学方法改革的实践提出以下思路。

第一,重构德政兼修的教学内容。一门课程要进行教学方法改革,首先应考虑"教什么"的问题。在当前社会大发展、大变革的时代背景下,对政治社会学课程体系的调整要迅速,争取在短时间内将"课程思政"的丰富元素融入政治社会学课程内容。要围绕国家意识、民族自信、政治认同、文化自信等思政核心元素,立足政治社

会学培养具有世界视野、中国立场、社会关怀、范式自信的政治社会学人的课程教学大纲核心要求，突出理论深、方法多、议题广的学科特色，体系化、系统化重新设计体现"德政兼修"要求的政治社会学课程内容体系。

首先，明确"课程思政"元素是融入政治社会学，而非吸纳政治社会学，政治社会学培养具有政治社会学素养的知识精英的任务依然没有变。对政治社会学课程体系的再设计需把握"课程思政"元素的融入数量，在响应国家号召、创新思政教学的同时，不可本末倒置，使得"课程思政"变成"思政课程"，影响核心教学目标的实现。其次，政治社会学课程体系调整要注意"课程思政"元素的融入方式，在立足学科本身教学体系的基础上，寻找与思政要素相关联、相契合的点，以此带动政治社会学知识体系与思政元素的碰撞，使学生在潜移默化中推进自身正确三观的建立。最后，明确"德政兼修"中"德"在"政"前的教学目的，结合政治社会学"范式多""方法多"的学科特点，对部分课程内容进行有选择性的调整，使得课程在不影响教学进行的情况下，能诉诸更多当代中国核心价值层面的追求，以便更好完成培养"德政兼备"人才的教学任务。

第二，推动"案例导向、场景交互"的教学方法创新。政治社会学议题丰富，研究方法多样，教学方法自然也不能墨守成规，而需要不断"推陈出新""大胆创新"，突破既有研究方法造成的思维限制，在保证实现教学目标的情况下，形成突出中国特色、具有个人风格、展现个人魅力的行之有效的教学方法。当前政治社会学的教学普遍以理论为核心，遵循"理论-案例"顺序的教学模式，但上文已指出我国尚未形成高质量、成体系且"中国化"的政治社会学理论分析范式，西方理论在分析中国问题上略显"水土不服"。这种"水土不服"一方面导致教学的枯燥乏味，另一方面也延缓学科中国化的进程。

王沪宁也认为作为"课程思政"本源的马克思主义思想政治教育需反对教条化的政治说教,重视教育与宣传对象自身利益相结合,使内容更容易接受。① 因此,政治社会学教学应大胆创新,选择对学生更加具有吸引力的"案例教学法",充分调动学生的学习兴趣,建立"案例-理论-案例"的教学模式。学生对教师精心挑选的保证政治社会学教学目标不打折的、融入部分"社会正能量"的案例进行研习,并对案例进行初步的知识反思;教师围绕案例涉及的政治社会学理论或范式进行深入浅出的讲解,并时刻注意对理论的本土化阐释;教师与学生双向互动,共同利用所学理论对案例进行再回顾与反思,使得学生自身知识价值体系得以稳步提升。应注意到,传统的政治社会学教学中教师一般只在课程中与学生形成互动,而在生活场景中教师与学生之间普遍交流不足,对于政治社会学这样一门内容浩瀚的学科而言,教师与学生之间沟通不足十分影响知识及价值的传播。因此提升教师与学生互动频次的"场景交互"方法也是必要的。政治社会学是一门实践导向很强的学科,日常生活中的诸多小事都可以成为教师与学生讨论的基点,并以此建构对话平台。教师与学生之间可以在多层级的对话平台中形成"教学-生活"两个主要场景的互动:一方面在教学中两者是师生关系,双方共同努力实现预定的专业教学效果与思政教学效果的统一;另一方面在生活中两者是伴友关系,双方相互监督相互学习,通过生活中多交流、多互动,使得思想道德水平共同发展、共同提升。

　　第三,推进将"课程思政"贯穿于"课前课中课后"的教学方法创

---

① 王沪宁:《政治的逻辑:马克思主义政治学原理》,上海:上海人民出版社 2004 年版,第 377 页。

新。陆道坤指出,"课程思政"改革的一个重要意涵就是将"思想政治教育融入课程教学的各环节、各方面"。① 最近的神经科学研究也表明,记忆并非"唱片机"式的"录入-播放"模式,而是一个动态过程:只有通过不断重复,才有机会从"情景记忆"转变为"语义记忆"。② 上文也提到,政治社会学"课程思政"需要更广阔的教学时空,以便教师可以更多地对学生"言传身教"。因此,建立一种贯穿"课前、课中、课后"的教学过程,强化政治社会学教学的过程思维是有必要的。对于政治社会学教学,课前做好案例思考与材料阅读,课堂形成教师与学生互动参与,课后案例回顾与积累是一种可行路径。对于课前教学,教师应注意通过与学生的交流沟通,了解他们当前关心的热点话题,在这些话题中寻找有政治社会学研究价值、蕴含一定思政哲理的命题,以此为切入点准备课堂的教学工作,使得课堂内容更具吸引力,提高学生的学习兴趣。对于课中教学,在对理论范式讲解的同时,要注意培养学生的学科问题意识和批判意识,不仅是用西方理论看待中国问题,更可以是用中国发展批判西方理论,在理论与现实的碰撞中增强自身的制度自信与政治认同。对于课后教学,教师应当引导学生发挥政治社会学专业的现实关怀作用,使学生逐渐用自我的视角观察社会,在课堂理论讲解后对课前案例进行反思,在自身观察与案例反思之中提升政治社会学中国化的理论积淀,树立更高的"范式自信"与"议题自信"。

第四,推进理论教学与社会实践相结合的教学方法创新。"读万卷书,行万里路"是中国社会研究自古以来"致知在格物,物格而

---

① 陆道坤:《课程思政推行中若干核心问题及解决思路——基于专业课程思政的探讨》,载《思想理论教育》2018 年第 3 期,第 64 页。

② [美]伯纳德·巴斯、尼科尔·盖奇等主编:《认知、大脑和意识:认知神经科学引论》,王兆新等译,上海:上海人民出版社 2015 年版,第 312—325 页。

后知至"的途径。中国政治社会学要研讨的议题集中于"政治性社会"的广泛领域,具有问题的表面性与议题的深刻性的特点。在社会大变革的时代背景下,政治社会学的研究内容更加变化莫测而使得把握议题变得"难上加难",仅仅坐在课堂聆听教师对理论和案例的讲解或是脱离理论进行社会观察、实践调研都是难以满足学科人才培养要求的。这就要求我们一方面注重教师对于理论知识体系的教学安排,另一方面也要重视提升学生社会实践的意愿与能力,做到以理论范式指导社会实践进展、以社会实践完善理论范式研究,从而使学生达到知行结合的境界。具体而言,首先,政治社会学理论教学应穿插对教师自身社会实践的经验性讲解,一方面丰富课堂内容,另一方面提升学生对理论实践化的感知。其次,延续学科实践导向的优良传统,在条件允许的情况下,运用所学理论知识,通过教师带队的方式亲自进行田野调查、社会访谈等丰富实践,让学生与社会多接触,促进学生对社会的了解,身临其境地感受政治社会学的学科魅力,通过学科视角增进对中国问题的深入理解,使得学生在知识上与素养上得到统一。最后,引导学生回顾实践过程,学会以社会实践为依托提升对理论应用的经验性认识,特别是注意用中国事实验证西方理论的正确性,从而一方面提升理论学习效果,另一方面提升社会实践能力,做到"知行合一"。

大学生在线学习效果研究：
社会互动的视角

栗晓红

【内容提要】 建立在互联网技术基础上的慕课在近些年获得强劲的发展，为新时代知识共享、教学创新和教育平等化等做出了突出的贡献，但是它的教学效果究竟如何，是否可以大规模推广至大学教学中，还有待建立在扎实实证资料基础上的验证。2020年新冠疫情下的"停课不停学"教育政策，使很多课程转为在线授课方式。本文以一所重点大学某文科专业2020—2022年的在线教学为研究对象，通过对该专业学生的学习过程和评价的访谈，研究了在线教学的效果。研究发现，在师生互动、生生互动和个人学习状态三个方面，线上教学的效果均差于线下教学。教学不仅是知识的传递，还是精神的相互影响、情感的互相共鸣、文化共同体的逐渐养成。如何在虚拟环境中营造出师生、生生间的在场感，让教师快速把握学生的状态，及时调整自己的行为，聚焦学生的注意力，使其保持对课堂的关注，还有待理论和技术上的进一步探索和发展。

【关键词】 慕课 在线学习效果 社会互动

【作者简介】 栗晓红，同济大学政治与国际关系学院副教授。

一、研究问题的提出

随着互联网技术的强劲发展，"互联网＋教育"成为一个快速崛起的领域，慕课即为其应用成果之一。慕课（Massive Open Online Course，MOOC），英语直译为"大规模开放在线课程"，是新近涌现出来的一种在线课程开发模式，把开发好的课程放在互联网上，使世界各地学习者得以跨越时空、平等参与。我国也呼吁各大学积极参与慕课建设，把在线课程引进大学，已经建成"中国大学 MOOC（慕课）"在线学习平台。

慕课无异于一场教育领域的革命，对之前传统的面对面课堂教学模式构成极大挑战。慕课已经广泛运用于远程教育，但它是否适用于大学的本科生和研究生教学，是一件颇值得思索的事情。退一步讲，大学不使用已经建设好的慕课，而是使用教师在线教学方式，以代替部分面对面教学，这也仍然是一件极有争议的事情。事实上，在线教学也很少运用于大学教学中。因此，虽然在线教学一直是一个热门话题，被认为是未来教育的方向，但是，在大学中占据主流地位的仍然是面对面的课堂教学模式。

然而，2020 年新冠疫情的爆发，致使大学无法正常开学，教育部出台"停课不停学"的应对措施[1]，教师和学生必须通过在线方式授课和上课，这迫使大学和教师探索新的教学方式，一些教师使用

---

[1] 《利用网络平台，"停课不停学"》，教育部网：2020 年 1 月 29 日，http://www.moe.gov.cn/jybxwfb/gzdtgzdt/s5987/202001/t20200129416993.html，访问时间：2020 年 3 月 30 日。

慕课平台中的课程,或者是建设好的国家精品课程,或者是自行事先录制的课程视频,也有一些教师直接把之前的课堂教学转化为在线教学。疫情期间,我国高校迎难而上,停课不停教,第一次实现了长时期、大规模的在线教学,正如教育部党组书记、部长怀进鹏在《学习时报》头版头条文章所言,"疫情期间大规模线上教学史所罕见、世所罕见"[1]。这也提供了一个极其难得的对在线教学进行研究的契机。与之前的传统线下课堂教学模式相比,在校教学的教学效果如何?疫情结束之后,是否应该继续进行在线教学,使之成为大学教学常态模式?有学者认为长时间的互联网使用可能会对学习的注意力产生负面影响,注意力是保持学习专注和投入的关键,注意力失焦是在线学习模式中很容易出现的现象,这种现象会影响学生的学习质量[2],因此线上教学模式无形中给学生的自我管理和努力调节带来了新的挑战。

本文对 2020—2022 年采用在线教学的课程教学效果进行研究,通过访谈的方法搜集学生对在线教学的感受和判断,提炼出影响在线教学的因素,对在校教学的效果进行分析,从而为更有效地向学生提供更好、更完善的教学措施,提升居家在线学习的质量提供参考。

二、文献述评

本文关注大学生线上、线下学习效果的差异,主要梳理两方面

① 怀进鹏:《胸怀国之大者 建设教育强国 推动教育事业发生格局性变化》,载《学习时报》2022 年 5 月 6 日第 1 版。
② 曹培杰:《数字化学习中注意力失焦的对策研究》,载《现代教育技术》2015 年第 2期,第 33—39 页。

的研究文献，一是线上学习模式研究，二是线上、线下教学模式的研究，为我们的课题提供参考和启发。

（一）关于线上学习的研究

近几年随着线上教学模式的兴起，对其进行分析研究也开始出现。从我们目前阅读的文献来看，国内有关大学生线上学习的研究主要围绕学生及其监督者展开。

有学者将研究聚焦于学生，探讨学生居家学习的方式、心理状况及居家学习对学习结果的影响因素。在学习方式方面，从学生居家学习的角度出发，总结形成教师指导的在线自主学习、教师指导的线下自主学习等八种学生居家学习方式，同时分析其主要特征。[①] 在心理状况方面，对医药与护理学院 716 名学生开展线上学习心理状况问卷调查，并通过对结果的分析，掌握学生的学习心理，结合实际为下一步的教学过程制定可行性对策。[②] 在对学习结果的影响因素方面，有学者提出非认知因素，以湖北文理学院和兰州职业技术学院有过线上学习经历的学生为样本，分析学习者的非认知因素对线上学习效果的影响，并采用 SPSS 19.0 进行回归分析。[③] 有人提出学习力因素，他们以现有线上学习力测评量表为参照维度，对参与线上课程的全日制大学生进行问卷调查，也采用 SPSS 工具对大学生的线上学习力进行分析研究，并得出线上学习力与学习相关的线上操作存在显著正相关关系的

[①] 宋灵青、许林：《疫情时期学生居家学习方式、学习内容与学习模式构建》，载《电化教育研究》2020 年第 5 期，第 18—26 页。
[②] 孟爱青、李晓莉、武珊珊：《新型冠状病毒肺炎疫情期间大学生线上学习心理状况调查分析》，载《德州学院学报》2020 年第 2 期，第 1—4 页。
[③] 欧立光、孙盈：《学习者的非认知因素对线上学习效果的影响——基于大五人格和大学生学业自我效能感的分析》，载《湖北文理学院学报》2020 年第 2 期，第 51—57 页。

结论。① 另有学者认为课程质量高低也会对学习结果产生重要影响,以思政课为例,提出思政课要打造线上、线下混合式思政"金课"的模式,以学生为主体,将线上教学和线下教学紧密衔接,从而达到提高学生学习效果的目的。② 基于线上智能平台的学习模式,总结大学生英语阅读移动学习的优势,从学习内容分散、学生依赖性过强、缺少学习方法等方面分析当前大学生英语阅读移动学习中存在的主要问题,并在此基础上从院校、教师以及学生三个维度提出基于线上智能平台的大学生英语阅读移动学习的有效策略。③

有的学者则将视野从学生转向了学生身边的监督者,认为学生在居家学习的过程中身边重要的监督者角色对其学习效果的影响也不容忽视。有学者认为疫情之下迫切需要家庭作为跟学校平等的教育管理主体参与到教育教学过程中,提出学校和家庭两类管理主体的主要职责以及合作模式,并用典型案例阐释家校协同育人的有效性与必要性。④ 有学者则从课程组织设计、学生学习引导、学生学习支持、学生学习组织四个角度阐述在居家学习期间教师的重要角色和发挥的作用。⑤

---

① 李璐、鸣华:《大学生线上学习力的影响因素分析》,载《浙江师范大学学报(自然科学版)》2020 年第 3 期,第 269—275 页。

② 雷青松:《"线上线下"融合,打造高校思政"金课"》,载《文教资料》2020 年第 9 期,第 159—160 页。

③ 赵晓岚:《基于线上智能平台的大学生英语阅读移动学习研究》,载《湖北开放职业学院学报》2020 年第 2 期,第 162—163 页。

④ 王晓霞、邓迎松:《大学生成长成才:基于居家学习的家校协同》,载《汉字文化》2020 年第 10 期,第 156—157 页。

⑤ 孙高扬:《居家学习期间教师角色与作用的发挥》,载《中小学电教》2020 年第 5 期,第 46—47 页。

（二）线上、线下教学的研究综述

国内对于线上、线下教学方面的研究起步较晚，自 2012 年以后才开始讨论该问题，相关研究数量并不是很多，也不是特别深入，主要是结合翻转课堂、慕课和网络平台讨论线上、线下结合教学的效果，本文按照这三个方面进行文献梳理。

关于在翻转课堂上使用线上、线下教学模式的相关研究，有学者将翻转课堂的理念与线上、线下教学相结合，提出我国高校的管理者需要从现代化信息化学习环境建设、优质教育资源整合共享、创新教学团队建设等多方面进行顶层设计，以此促进线上、线下教学模式的发展，同时改进当前高校传统的教学模式。[①] 有学者基于调查学生学习方式，将学生课内、课外学习时间进行科学重构和整体设计，她认为翻转课堂学习平台的核心功能主要包括教师线上管理功能、教师线下课堂功能、学生线上学习功能和学生线下课堂功能，并对此进行了对比分析。[②] 这些学者将线上、线下教学模式与翻转课堂相结合，为线上、线下教学的研究开辟了新的道路和研究方向。

关于慕课的线上、线下教学模式研究，2014 年中国教育多元化发展报告提出，将来互联网教育的方向和机会是线上、线下教学，慕课和社交网络二者的有机结合，全面兼顾线上线下的教与学。学者对比 x 慕课和 c 慕课两种慕课形式，分析讲授型、任务驱动式、支架式以及协作研究式四种信息化教学模式，提出基于慕课构建高职院

① 丁云华：《基于翻转课堂理念的 O2O 教学模式与管理机制探索》，载《高校教育管理》2016 年第 1 期，第 111—114 页。
② 余燕芳：《基于移动学习的 O2O 翻转课堂设计与应用研究》，载《中国电化教育》2015 年第 10 期，第 47—53 页。

校线上、线下教学模式,并结合专业知识、专业技能和职业素质对线上、线下教学模式进行了介绍。① 学者通过调研发现高校思政课线下教学模式存在教学模式陈旧、教学内容实用性不强、技术手段应用滞后等问题,并分析了其产生的原因及解决对策,提出地方高校思想政治理论课线上、线下教学模式的三层交叉混合结构,这三种混合体现了地方高校思想政治理论课线上、线下混合教学的特点,该研究也为设计线上、线下混合教学流程提供了很好的指导与借鉴作用。②

在网络平台进行线上、线下教学的研究比较多,王若宾等学者在调查分析当前线上、线下教学现状的基础上,提出一种基于移动社交网络的线上、线下教学模式,这种模式加强了师生之间的交流与协作,也促进了新的线上、线下教学模式的教学实施。③ 周铮借鉴线上、线下电子商务模式的实施流程,以微信为平台,将现代信息技术与传统教学模式相结合,论述了构建在微信支持下,线上、线下教学模式的教学实践,以便指导高校线上、线下教学的实施。④

综上,线上、线下教学相关的研究在我国才刚刚起步,相关文献不多见,而且很多文献主要是针对中小学阶段的研究,关于大学阶段的研究为数不多,因此,希望通过对大学生线上、线下学习效果的研究,推进该领域的进展。为了全面、真实地呈现疫情期间教学方

① 李丽:《基于 MOOC 构建高职院校"Online To Offline"教学模式研究》,载《湖南邮电职业技术学院学报》2015 年第 12 期,第 124—126 页。
② 龚苑媛:《"O2O(线上线下)教学模式"在地方高校思政课中的应用研究》,广西师范大学 2016 年博士学位论文。
③ 王若宾、杜春涛、张白波:《基于移动社交网络的 O2O 教学模式研究》,载《中国电化教育》2016 年第 12 期,第 113—120 页。
④ 周铮:《微信支持下的 O2O 教学模式研究——以〈思想道德修养与法律基础〉课为例》,载《湖北成人教育学院学报》2015 年第 7 期,第 31—34 页。

式的转变令学生学习效果产生的差异，本文将通过参与式观察和深度访谈相结合的方式来进行调研，对研究对象线上、线下学习差异的表现进行描述，同时分析其影响因素，并为居家在线学习的教学模式提供一点建议和思考，为提升在线教学质量献出一分力量。

三、理论视角：社会互动

本文拟从社会互动的角度着手分析。社会互动对于教学的重要性已经得到多方面研究的证实，增加教学中的互动已经成为现在教学理论的一个核心因素，也成为一种倡导性理念出现在教学培训中。教学中最为重要的互动包括两类：师生互动和同辈群体之间的互动。在线教学与课堂教学在这两类互动上都有很大的区别，其中一个非常重要的区别是课堂教学属于面对面互动，互动者眼神、表情、姿势等非语言信息非常丰富，互动能够得到及时反馈，教师便于根据反馈的信息及时调整自己的教学，学生因为共处一个物理环境，彼此也有着复杂多元的互动、支持和激励；而在线教学中师生则共处一个虚拟的空间，当正式上课时，电脑主屏幕如果需要共享教学材料，师生表情就会消匿不现，教师难以得到及时的信息反馈，只能通过语音的方式问询教学效果，所以更多是按照自己的节奏上课，学生也高度依赖视觉和听觉，在缺乏教师和同伴陪伴和监督的情况下，需要高度的自律。本文从两类社会互动视角出发，分析其对于在线教学的学习效果的影响。

四、研究方法

本文采用的主要是参与式观察法和个案访谈的研究方法。研究过程包括两个阶段：第一个是开始于 2020 年上半年的主研究阶段，该学期学生因疫情而均未返校，在家里通过在线方式上课，本文作者系统地参与观察了同济大学某专业班级的线上课程，并在学期末对学生们进行了深入访谈；第二个是开始于 2022 年 3 月的追踪研究阶段，涉及两个学期，其间根据防疫需要交错使用在线教学和线下教学，或者使用线上、线下相结合的教学方式，研究者采取随机访谈的方式，对课堂内 14 名学生进行了线上、线下教学效果比较访谈，以进一步印证第一个阶段得出的研究结论。

该专业班级是一个规模较小、文科类的班级。由于本文的观察者是任课教师和该专业班级的成员，因此，对该专业班级学生线上学习的状态进行参与式观察的可行性极高。此外，由于班上都是大三的学生，因此学生的课程以和同班同学一起上的专业课居多，这为我们提供了长时间观察所有学生在不同课程中表现的可能性。在该专业班级的人员组成方面，除去参与调查的两位研究者，班上共有 13 位大三在读的同学，其中一名女生因为某些特殊原因对线上课程的参与程度较低，因此，我们进行参与式观察的有效样本人数为 12 人，其中男生 5 人，女生 7 人。由于在进行线上课程的参与式观察之前，已经和班上学生有过近三年的接触，对其性格、行为和线下课程中的表现都较为了解，这为我们进行参与式观察，对比其线上、线下课程学习状态的差别打下了深厚的基础。

在本学期快结束时，我们挑选了班上 6 位学生进行深入的半结构式访谈。在挑选受访者时，我们主要根据班级的规模大小、性别平衡和成绩分布的原则挑选了 3 名男生和 3 名女生。由于我们与受访者熟悉程度较高，受访者在接受访谈时更愿意向我们吐露有关学习状态的真实信息，因此访谈的真实性较高。此外，同为线上学习的参与者，我们能从生活经验出发，根据受访者的回答，将访谈问题进行修正，因此，访谈的可靠性同样较高。同时，作为同班同学，当我们在后续访谈中发现某些信息有所缺失时，能够很方便地找到受访者进行二次回访，进一步扩充我们获得的信息容量。

个案访谈的内容围绕"线上、线下的学习效果"这一话题展开，主要包括受访者在线上和线下课程学习中状态的变化，对师生互动和生生互动的看法，以及对学习环境变化的看法这三个部分。由于疫情等实际因素的限制，本次访谈仅以微信语音电话的方式进行，同时，访谈开始前我们会告知受访者，本次访谈会进行全程录音以便后续的整理和分析。此次访谈总时长为 6 小时 16 分 11 秒，文字整理稿共计 81 984 字，6 份访谈的时长都在 40 分钟至 2 小时之间。后续我们对访谈稿的具体整理分析方法如下：首先列出我们关注的问题，罗列 6 个受访者的回答，在其中标注出关键词汇和高频词汇，先归纳相同性别受访者之间的相似之处，再以性别为维度对其进行对比分析；其次，我们将对获得的信息中受访者的主观感受和客观描述内容进行区分，始终将关注点放在"线上、线下学习效果"上；之后，在发现访谈中的特殊回答时，我们会利用微信等方式对受访者进行回访，以获得更多数据来支撑我们的结论；最后我们会选定与本研究相关的问题进行具体分析。

2022 年的追踪研究对该专业的 14 名大二、大三学生进行了访谈。因为疫情，学校在两年多的时间里多次转换使用线上教学和线下教学，有些时期还允许学生在线下上课和在线上课之间进行自由选择，因此，学生对于两种授课方式的优劣有着非常丰富的直观体验和想法。基于此，我们在两个学期的课堂中随机选择 14 名同学，针对他们在两种教学方式中的上课状态、与同学的互动、与教师的互动、教学效果的比较和评价、教学方式的选择偏好进行访谈，进一步丰富、印证此前的研究结论。

五、研究结果

学生学习效果的好坏不仅受其个人学习状态的影响，也取决于其与老师和其他同学互动的质量高低，因此，本文围绕师生互动、生生互动和线上课程学习状态这三个方面，对学生线上线下的学习效果差异进行描述。

（一）师生互动

线上课程与线下课程相比，教师与学生之间的互动过程在互动方式、互动内容以及监督机制三个方面有明显差异，总体来看，线下课程的师生互动会比线上课程更加深入。

从互动方式来看，师生在线下课程中会用眼神交流、肢体动作等非语言符号进行沟通，而在线上课程中除了直接开语音以外，只有"举手"按钮和聊天框内回答问题的形式，容易被老师忽略，使其不能及时对学生做出反馈。如受访者"一棵草菇"表示："虽然有'举手'按钮，但是可能老师也没能及时处理，或者说在聊天框里面发了信息，老师也没有及时回应，我觉得会比较影响互动。""一朵白莲树"也在访谈中表示，线下和老师面对面会有更强的互动感，"你会和他有眼神的交流和互动，然后要对着他说话，要和他有一个很直接的接触，但是线上的话，无论如何都是隔着屏幕、隔着网络的"。线上教学过滤了肢体和眼神接触，只能通过语言去表达，这不可避免地会导致教师长时间讲授性质的单向灌输，师生互动降低。

从技术限制来看，每次线上教学时间不得不严格控制在1个小时40分钟，否则会被自动退出线上会议室，因此教师在线上教学时如果没把控好时间，可能会使课程完整度受影响。如"秃头火龙果"

表示，"课程时间规定死了，有问题也不能及时询问老师"，而线下课程时间相对来说比较灵活，教师在下课时若还有没讲完的内容可以稍微延长授课时间，学生在下课后若对课程内容仍有疑问也可以及时与教师沟通，这样结束后就有充足的沟通时间。

从监督机制来看，线上教学时虽然会以抽问的方式来考察学生有无认真听课，但并不是所有的线上课程都会有抽问环节，"如果老师不点名，或者说不抽问，那么对于老师来说是处于一个比较失控的状态"，若不打开视频，那么教师就看不到学生的动态，学生的出勤率以及学习状态是没有保障的。在这种情况下，学生的学习效率和课堂专注度就完全依靠自觉性，学校也尚无较为完善的监督机制。而有抽问环节的课程虽然提高了师生互动的频率，但其本质还是一个监督性质的抽问，未能达到真正的互动效果。相比而言，线下课程的师生监督机制就能够得到有效保障，教师的抽问环节不限于考察学生的听课效果，也可以就课程内容进行更为深入的探讨。

（二）生生互动

一般而言，生生互动包含两种不同的类型，一种是与课程内容相关的互动，主要包括课程中的分组讨论、小组汇报以及课后的小组作业讨论，等等；另一种则是与课程内容无关的互动，主要表现为学生日常生活中的一些交流和对话。在访谈过程中，发现这两种不同类型的互动在线上课程中呈现出完全不同的趋势。

1. 与课堂内容相关的互动

在与课程内容相关的互动中，其变化具体表现在两个方面，即受时空限制和互动质量。

在受时空限制方面，以小组讨论为例，由于线上课程是以互联网为载体，充分发挥了其高效便捷的特点，学生可以在任何时间、任何地点以任何方式(腾讯会议室、微信语音)参与小组讨论。小组成员之间可以灵活地安排自己的学习时间,选择一天中最适合进行讨论的时间、地点进行高效的线上讨论。"一棵草菇"也表示,"和线下相比,线上讨论是有优势的,就是说我们比较容易操作"。设备的容易操作性也提高了小组讨论的效率,线上会议室的小组讨论方式可以直接以屏幕共享的方式将讨论内容展现给所有成员,这样每一位成员都可以参与讨论环节。而线下讨论是做不到这一点的,线下的小组讨论较为刚性,小组成员只能在固定的时间、固定的地点进行讨论,如果有某一成员有需要在固定的时间内去做别的重要的事情,就不得不面临取舍的两难境地,这也使得线下的课程内生生互动无法像线上那样灵活机动。

在互动质量方面,同样以小组讨论为例,由于线下的小组讨论过程中,小组成员之间是面对面沟通,因此会产生眼神交流和及时性的反馈,沟通内容也相对深入一点。线上的小组讨论就与之相反,"一瓶老抽"表示,"与线下相比,缺少了眼神,话语方面的交流只能通过线上形式进行"。线上与课程相关的生生互动质量明显降低。此外,多位学生表示线上小组讨论会增加"搭便车"现象。由于缺少线下的眼神交流、表情沟通等方式,线上的小组成员之间相对来说较为生疏,"不熟的同学零交流"(一朵白莲树),因此就会产生某些小组成员的线上讨论参与度不高,最后却共享讨论成果,"比如说4—5人的小组讨论如果合作不是很融洽的话,最后其实发言的可能只有一两位同学,其他的同学其实是没有怎么发言的"(一棵草菇)。所以这也是线上生生互动过程中的一个弊端,个别成员的不参与会增加"搭便车"现象,这样的结果由于对其他小组成员不公平,会影响组员的合作积极性,从而对生生互动的开展产生不利影响,降低互动质量。

2. 与课堂内容无关的互动

在学生之间与课堂内容无关的互动中，其变化主要体现在两个方面，即互动方式和互动频率。

线下课程，由于学生都生活在同一个校园空间，面对面的相处方式使学生可以自由地选择眼神、语言、肢体动作或聊天等多样化的交流方式彼此进行互动。"课间的时候甚至上课的时候，和周围的同学哪怕用眼神，都能够有交流。"（一朵白莲树）然而，当课堂由线下转为线上，生活空间由校园变成各自的家中时，学生只能通过一根网线联系在一起，因此，微信聊天就成为开展生生互动的唯一选择，互动方式自然而然地减少了。

在互动频率方面，由于线上课程的是以技术媒介为依托，因此，由于硬件技术原因而产生的互动成了线上课程中一个独特的互动内容。如受访者"一棵草菇"提到，"线上的话可能你的麦克风没有关，然后有同学发现了，他就可以及时在微信或者别的平台提醒你"。技术的介入"给了同学这种及时交流的一种可能性"（一棵草菇），也催生了与线下完全不同的互动内容，不仅增加了学生之间互动的频率，也增加了互动的趣味性。此外，由于家庭的学习环境使得老师的课堂监督失去了原有的效果，而线上课程中又会依托网络和电脑，因此，学生在课堂上使用社交媒体进行互动的频率有所增加，这也是线上课程中，与课堂内容无关的生生互动频率增加的一个重要原因。

（三）线上课程学习状态

尽管受访者"MC惊雷"和"秃头火龙果"都表示，相比于学校容易令人分心的公共空间，在拥有自己私人学习空间的家中，其完成课后作业和进行课前准备的效率会提高，但其在描述自己听取线上课程的学习状态时,同样表达了与其他四位受访者相同的困扰——上课过程中会出现明显的注意力失焦现象。这种失焦现象一方面源于长时间使用互联网给精神造成的疲惫感,如"秃头火龙果"在访谈中坦言:"就是感觉这种教学模式没有什么生气,在一个机器面前听老师讲课,互动相对来说要少一点,你也会对上课这件事情产生一种疲惫感,你的注意力有时候也是会不集中的。"另一方面,由于网络和电脑成了线上学习的必需品,其"经常会弹出来各种各样的消息……就会分心"(一瓶老抽),可见来自网络的"信息轰炸"也是使学生注意力失焦的重要原因。此外,线上课程会导致老师无法利用眼神等方式与同学进行充分的互动,导致其监督效应缺位,使得学生产生这样的心态:"除去老师可能会和我有语言上的互动以外,剩下的情况下我可能就没有那么认真了。"(一朵白莲树)这也是造成学生注意力失焦的一大关键因素。

技术媒介的使用除了使学生产生普遍性的注意力失焦现象之外,由于用共享屏幕分享课件的页面和用电脑记笔记的页面会产生一定的重叠,这就给使用电脑来记笔记的学生造成较大的困扰。当然技术媒介的使用同样也带来一定的优势,例如,"聊天框"的出现为比较内向的学生提供了一种阻力更小的回答问题的方式,使"更多的学生可以在自己的在聊天框里面把自己的想法打出来。"(一棵草菇)从这个层面来看,与线下课堂相比,"聊天框"的加入在某种程度上提高了学生在线上课程主动回答问题的积极性。

除此之外,学生的学习状态其实还受到学习环境的影响。如上文提到的"MC惊雷"和"秃头火龙果"曾表示安静的私人空间会提高其作业完成的质量,但与这两位不同的是,其他的受访者认为家庭环境反而会降低学习的效率。效率降低的主要原因是家庭空间充满着有关生活的符号,在作为"生活区域"的家中学习,"会带来一种冲突感和不适感"(一棵草菇)。此外，家庭周边如打印店、图书馆等配套设施的缺乏，也给阅读文献和查阅资料带来一定困难，致使学生需要长时间使用电子设备，不仅对视力造成很大的负担，也使得学生感到"这个效率其实不知不觉就会特别低"(一瓶老抽)。

在 2022 年的追踪调查中，受访的学生无一例外地认为线下教学效果更好，学习到的东西更多，自己也更愿意返校上课。当被问及哪种教学效果更好时，学期中刚从家返校回到教室的"智慧行走者"毫不迟疑地说，"当然是在学校上课效果好了，否则我就不返校了"。他们提到的原因五花八门，其中比较集中的方面包括：在教室上课可以与老师有更多的接触和交流；和同学在一起上课氛围更好，投入感更强；老师对教学进程的把控力更强。

六、结论与讨论

学生线上、线下的学习效果差异主要从师生互动、生生互动和个人学习状态三个方面体现。从师生互动来看，师生在互动方式、互动内容及监督机制方面有明显差异。线下课程的师生互动会比线上课程更加深入，线下课程中师生之间可以有眼神交流与肢体信息的传递，课程结束后仍有沟通交流的时间，而线上教学中，教师无法及时给予学生反馈，师生课下互动较少，课程的抽问方式虽然带有监督色彩，但由于消解了互动的含义，没有形成有效的互动。从生生互动来看，在与课程内容相关的互动中，线上课程受时空限制小，小组讨论容易操作；但由于线上课程无法进行面对面的有效沟通，导致个别学生小组讨论参与度低，增加了"搭便车"现象，互动质量降低。在与课程内容无关的互动中，线下课程面对面的相处方式使学生可以自由地选择眼神、语言、肢体动作或聊天等多样化的交流方式与同学进行互动；而由于线上课程的开展就是以技术媒介为依托，使得通过社交媒体进行的互动增加。从个人学习状态来看，线上学习时，学生会出现普遍性的注意力失焦现象，技术媒介的使用可能会对个别学生的学习习惯产生影响。

综上，在线授课在便利灵活的技术支持下有其教学优势，但是要取得和线下课堂一样的教学效果，还面临着很大的挑战。教学不仅是知识的传递，还是精神的相互影响，情感的互相共鸣，是文化共同体的逐渐养成。如何在虚拟环境中营造出师生、生生间的在场感？如何让教师快速把握学生的状态，及时调整自己的行为？如何聚焦学生的注意力，使其保持对课堂的关注？如何把线上教学和线下教学有效结合起来？这些都有待理论和技术上的进一步探索和发展。

创新型人才培养目标下的"寓教于行"实践教学模式探析

葛天任

【内容提要】 高校教育的最终目标是实现创新型人才培养。创新人才的培养不是仅靠课堂教学就能完成的，必须有实践教学的配合，"寓教于行"的实践教学模式是教学改革背景下的一种发展创新。实践教学的手段和方法有许多种，本文结合作者实际参与的三个社会实践教学案例，提出了学科竞赛、游学交流、参观访问三种类型的实践教学模式，并对具体项目的教学设计、实施、效果收获进行详细介绍。为形成具有实践教学特色的人才，提高教学质量，最终提高培养创新人才的质量提供新的思路和借鉴。

【关键词】 创新型人才培养 社会实践教学 创新思维 寓教于行

【作者简介】 葛天任，同济大学政治与国际关系学院副教授、同济大学中国战略研究院研究员。

一、高校教育改革与实践教学发展趋势

随着现代中国教育教学实践中新经验和新理论的不断出现,我国教育模式和教学体系发生显著变化。传统的教育模式在教学实践中逐渐展现出不足:教学形式僵硬固化、学校教育过分注重知识传授而忽视对学生的应用性和创造性培养。[1] 具体来说,这表现在三个方面:首先,教育的功利化现象较为严重,一直以来基础教育围绕着应试教育展开,重点考察知识的掌握,训练应对考试的技巧,造成"重知识,轻实践""重记忆,轻思维""重继承,轻创新"等不足,这在高等教育中也较为突出,学生重成绩、重就业、重结果。其次,是缺乏大教育观,学生的教育时间和教育场所被压缩在课堂上,囿于书本所学的知识,而缺乏对社情民意的关注和关怀,难以真正地学以致用。三是缺少人文关怀与人文精神,传统教育视学生为接受教育的机器,忽略了人的主体性与独特性;没有为教育赋予应有的人文关怀,师生之间存在地位不对等的弊病;"灌输式"教学束缚了人的思想与活动空间,容易造成许多学生思想上和性格的不健全、不平衡。[2]

高校作为中国高等教育的基地,肩负着人才培养的使命。高等教育,是教育的重要组成部分,是在完成中等教育的基础上进行的专业教育和职业教育,是培养高级专门人才和职业人员的主要社会活动。[3] 与注重"外延式发展",以规模壮大、数量增加为特征的基

---

[1] 李慕春:《浅谈高等教育改革发展趋势——评〈重估高等教育改革〉》,载《中国教育学刊》2022 年第 9 期,第 148 页。

[2] 戴维·希契柯克、张亦凡、周文慧:《批判性思维教育理念》,载《高等教育研究》2012 年第 11 期,第 54—63 页。

[3] 崔瑞霞、谢喆平、石中英:《高等教育内涵式发展:概念来源、历史变迁与主要内涵》,载《清华大学教育研究》2019 年第 6 期,第 1—9 页。

础教育和中等教育相比,高等教育注重的"内涵式发展"以质量提升为发展目标,着眼于充分发挥高校内部各种要素的优化配置,如管理体制机制的创新、教学内容和手段的优化、师资力量的加强、人才培养质量的严格要求等,通过充分发挥各种要素的配置效率来推动高等教育质量的提高。[①] 因此,质量是高等教育永恒的主题。我国高等教育处于推进和实现内涵式发展的新阶段,其根本要求即提升人才培养质量,尤其在一流本科教育建设的语境下,我国针对高校教育进行体制机制的改革创新。[②] 近年来,我国高校教育在深化本科教学改革、强化学科竞赛力度、创新人才培养方式、实施创新创业教育、开拓学科国际化视野等方面都取得显著的成效。[③]

那么,针对传统教学模式存在的问题以及教学改革的发展趋势,我们应该采取什么样的措施或者说是创新手段加以回应呢?普遍认可和倡导的一种方式便是实践教学模式。这种教学模式重在提升学生的行动力,是促使学生理论联系实际、深刻理解和掌握所学知识的有效途径。相较于传统的教师通过自身的说教、学生通过单纯的听来学习知识的模式,理论学习与实践教学相结合是一种更为高效的学习方式。[④] 实践教学的本质是"寓教于行",这一教育理念在东西方古代先哲的教育思想中就已经有所体现。亚里士多德的实践哲学认为,人们的一切规划和实践都若明若暗地以某种善为

---

① 彭青:《高等教育高质量发展的本质含义与实现机制》,载《南通大学学报》(社会科学版)2019 年第 4 期,第 133—140 页。

② 张继明:《我国高校本科教学改革的审视与现代化治理路径——基于 20 余年来改革历程与治理模式的分析》,载《高校教育管理》2020 年第 4 期,第 115—124 页。

③ 刘国瑞:《建构自主知识体系视域下的高等教育宏观理论创新》,《中国高教研究》2022 年第 9 期,第 75—82 页。

④ 张娟:《高校人文社会科学实践教学体系的建构与实施》,载《陕西教育(高教)》2020 年第 7 期,第 69—70 页。

指归,明确实践是一种以自身为目的、内在于自身的活动,实践的理性是明智,离开了实践智慧就没有严格意义的善。[①] 实践教学在中国有着悠久的传统,明代的王阳明曾提出"知行合一"的育人理念,他认为修身养性和学习简单理论知识并不是全部的学习过程,而是应该将"知"(理论知识)与"行"(实践)结合起来,使得理论知识在实践中得到深入和提升。[②] 20 世纪 30 年代,陶行知先生提出了现代学校的实践教学理念,亲自实践、创办学校,提倡知行合一的学校教育。基于实践教学案例,本文探索和总结了"寓教于行"教学模式的创新思路,在此基础上,通过教案设计回顾来展现具体的做法和实践,最后对其效果进行了评估。

二、"寓教于行"实践教学模式的新理念

大学教育的最终目标是人才培养,关键是将实践知识转化为创新和创造,实现人才创新。"寓教于行"旨在通过学科实践和专业应用,在具体行动中深化所学知识,并汲取新的知识,从而培育学生的创新思维、研究逻辑和研究方法,以及基于书本和实践知识的综合创新能力。同时在"寓教于行"实践教学模式下,教师和学生的角色得到重构,这有别于传统教学中教师对学生"灌输式"教育的角色定位,形成了以学生为主体的教学发展理念。老师更多地扮演辅助性角色,来引导和激发学生如何思考、体会以及创造创新。本文将通过具体探讨以下三种实践创新的教学方式来探究"寓教于行"教学

---

① [古希腊]亚里士多德:《尼各马可伦理学》,廖申白译,北京:商务印书馆 2003 年版。

② 鲍贤杰:《王阳明"知行合一"思想对高校思政教育的启示》,载《高教学刊》2020 年第 6 期,第 180—181 页。

模式的发展新思路。

（一）社会实践大赛带动实践教学

实践教学与学科竞赛相结合，是人才培养模式改革创新的重要建设内容。从形式上看，学科竞赛作为一种比赛，通过营造一种参与竞争、参与科研、自主学习的氛围，激发学生主动思考，积极追求达到更高、更新的目标要求。[①] 从过程上看，整个竞赛从组织队员开始，就在考验学生的主动思维、发散思维、直觉思维、批判性思维；通过学生提出问题，设计实验方案，探索解决问题的方法，在竞赛中突出学生的主体地位，突出手脑并用的探究式学习方法，有助于学生主动构建科学的知识体系，促进理论与实践的结合。[②]

以 2018 年"知行杯"上海市大学生社会实践项目大赛为例，大赛在很大程度上体现了学科竞赛与实践创新的结合。同济大学课题组对上海外卖快递从业群体生存状况进行调查，课题组基于选题进行大量的实证研究。在此过程中，研究方法和研究思路主要由学生来设计和制定，教师对方案给予合理纠正；学生亲自去参与调查调研，而教师主要扮演启发者和评估者的角色；同时，通过课题组定期的研讨会和学生演讲等形式，来跟进课题进度，相互交流想法，进一步完善课题方向。在该课题的实践过程中，学生的学习兴趣和创造性思维得到充分激发，学生根据自己的专业特性及所长，选择诸如问卷、访谈、开座谈会、影像拍摄、创办公众号等方式进行资料的

① 王昭荣、周钗美、鲁兴萌：《构建研究型实践教学模式的思考与探索》，载《高等理科教育》2005 年第 4 期，第 93—95 页。
② 李金昌、林家莲：《实践教学与学科竞赛相结合，促进创新人才培养》，载《实验技术与管理》2011 年第 11 期，第 1—3 页。

收集和记录。同时在方案实施过程中,学生也能够积极发挥主观能动性。比如针对"外卖人员难以统一联系及采访"的问题,组员选择在外卖点餐高峰期对外卖配送人员进行蹲点采访,利用其等待取餐的时间来进行扼要的采访,收集到丰富的事实信息,是本课题采访调研过程中的一项创新之处。

(二)跨国游学交流带动实践教学

游学是世界各国最为传统的一种学习教育方式。东西方教育文明中皆有历史悠久的游学传统。而现代教育意义上的游学,是20世纪随着世界和平潮流和全球化发展进程产生并逐渐成熟的一种国际性跨文化体验式教育模式。① 随着"走出去"成为大势所趋,如今的游学更是一个"读万卷书,行万里路"的活动。在游学期间,学生通过学习语言课程、参观当地名校、入住当地学校或寄宿家庭、参观游览国外的主要城市和著名景点,能够实现"学"和"游"的结合,通过"游"加深"学"的体验,通过"学"加深"游"的认识。游学性质的教学实践活动,既可以使学生感受不同地域的文化,更能培养学生的跨地域格局和国际视野,在学科学习的过程中获得新的启发和灵感,实现创新思维的培养。

以2019年暑期同济大学国政学院学生赴意大利佛罗伦萨大学的暑期实践交流项目为例,由高校校际交流推动的游学教育项目能够极大地开拓学生视野。本次实践教学的特色在于中外合作办学,主题突出西方政治文明史教学与历史文化遗产保护认知学习。此次学习交流中,实践团队一共走访了罗马、佛罗伦萨和威尼斯等三

---

① 涂春容、粟斌:《游学教育发展脉络探究》,载《遵义师范学院学报》2012年第2期,第84—87页。

个城市的大学、博物馆和历史文化遗存保护地,除了在佛罗伦萨大学参与学术讲座交流,本次实践教学更多地采取"边游览,边教学"的教学模式。在参观过程中,教师围绕欧洲的政治文明起源、历史兴衰更迭、文化遗存保护、城市更新和治理等学生感兴趣的主题,进行生动有趣的讲解,极大地激发了学生们的兴趣和求知欲。学生通过教师讲解、博物馆导览等方式了解历史知识和文化背景,在实地走访中感受古迹氛围,在实践教学的讨论中加强思考,在异域文明文化的学习中促进跨文化交流的认知和体验。

(三)红色调研之旅带动实践教学

参观调研是实践教学模块十分重要的一个环节,目的是使学生通过参与社会实践,了解国内社会经济文化状况。扩大知识积累,引导学生开拓眼界;培养学生理论联系实际的工作方法,提高其在实践中调查研究、观察问题、分析问题以及解决问题的能力和方法,帮助学生更全面、更立体地了解所学的知识,并以此指导具体的专业设计实践,为后续专业课程的学习打基础。①

以 2018 年暑期探寻"红色基因"与"一带一路"的实践教学为例,参观和调研能够促进学生对红色文化及其在新时代的传承和发展有更深刻的认识和体会。我带领同济大学政治与国际关系学院实践团队前往东南沿海多个省市进行调研,以此寻觅红色基因与市场经济发展两者之间碰撞的火花。调研团通过参观各革命旧址和博物馆,通过音画展示和文物参观切实感受各地经济、文化发展以及红色革命的伟大历史,了解到原有的红色文化如何转化成当代爱

---

① 徐晓丽、李静薇等:《建筑学专业参观调研实习实践教学模式建构》,载《牡丹江师范学院学报》(自然科学版)2013 年第 4 期,第 63—64 页。

国主义文化。此次调研，团队不仅了解城市发展，也深入乡村，既遇到了青年创客，也得以与企业成功人士座谈，极大地丰富了学生对红色文化基因在新时代生发的内生动力的认识。这种直接的接触是在校园里、课堂中无法获得的，调研之行也给团队的成员上了一场别开生面的社会课。

三、教学设计与实施

在创新实践教育理念的推动下，我们要有所衡量地制定符合教学目标的教学方案，以期在教学实践过程中能够充分发挥学生和教师的主观能动性，最终实现实践创新的人才培养目标。那么如何制定和完善教学规划设计，从而使教学方案能够真正实现其教学目标和价值？本文提出，应从教学方案的能动性、系统性和多元化三方面加以考虑。

（一）能动性要素：让学生参与教学方案设计

第一，教学方案的能动性体现为学生在目标和兴趣导向下参与方案的规划设计。基于"寓教于行"教学模式下学生作为主体的角色定位以及培养创新能力的目标要求，应使学生从教学方案设计伊始便充分参与，针对学生的差异化兴趣和多元化需求进行充分定制，以期使教学方案符合学生自我发展和自我实现的目标。例如，在佛罗伦萨大学的暑期交流项目中，学生在项目行程安排上被赋予完全的自主权，整个项目过程的行程路线规划、参观景点选取以及讲授内容的选择皆由学生亲自制定。最终由学生商议制定出包括罗马、佛罗伦萨和威尼斯三个城市的游学行程，并由学生自主选择感兴趣的历史博物馆和文化遗迹进行参观游览，而教师需要对教学主题进行总体把控,对教学的讨论、知识内容的深度等进行引导和控制。第二,教学方案的需求性还体现在学科体系和专业需求框架下的共同价值选择。例如在与佛罗伦萨大学交流课题的选取中,团队考虑到成员来自政治学、社会学两个专业,根据两个专业的特性以及内容,选取了"文艺复兴时期佛罗伦萨经济"和"历史环境下城市与建筑的更新"两个主题,与学生的专业所学(政治思想史、城市发展、城市研究等)有较大关联。再比如在"知行杯"项目中,课题组选取外卖和快递行业青年从业者作为研究对象,也是基于学生的专业期待和专业价值而进行选取的。学生期待通过深入的文献研究和实证研究,能够对这一具体的职业群体进行深入刻画和了解,弥补学界研究不足、体现学术价值的同时,也希望通过亲身接触这一职业群体,探寻其生存现状、职业发展和社会心态,探讨在他们为城市高速发展做出贡献的同时,如何给予他们应有的关怀和保障,体现出政治学与社会学专业学生的社会情怀与人文关怀。简言之,发挥学生的主观能动性,让学生参与教学方案的设计,才能够促进学生兴趣的激发。

(二)系统性要素:方案设计覆盖全过程全要素

教学方案的系统性要求在制定时考虑其实施过程的完整性,虽然社会实践是"寓教于行"模式的核心组成部分,但应该意识到,保障实践调研的顺利开展以及将实践收获转化为创新创造的成果也是实践教学中的重中之重,即教学实施方案需要从前期到后期进行全过程的综合考虑。这里以"重温红色之旅,筑梦一带一路:社会主义市场经济发展中的红色基因调研"项目(简称"重温红色之旅")为例,调研团队的实践流程主要分为:实践动员阶段、背景资料搜集阶段、调研地点选定和联络阶段、实地调研阶段、调研经验总结阶段五个部分。第一,实践动员阶段。主要是对实习目的、实习内容、实习要求进行确立,并对人员组成、活动形式、预期成果进行初步设计。团队在调研前期进行了成员组织理念认同、田野调查方法等多个板块的专业培训,学生就研究课题向专家老师进行专业咨询。第二,背景资料搜集阶段。主要通过查阅大量相关资料、文献,对所调研的地区的经济、社会、人文背景知识进行学习,初步了解各地的主要情况。第三,调研地点选定和联络阶段。基于已有的项目策划,排查合适的项目地点,并初步选择各省市有代表性的企业单位作为调研地点,与当地政府及相关企业部门进行联系和确认,保证行程路线安排详尽细致,避免了时间上的冲突和处事上的不便,以确保实践顺利进行。第四,实地调研阶段。针对各省市创意产业园区中在红色文化与市场经济发展结合方面成效显著的多家企业,调研团队通过实地走访、座谈、问卷调查等形式深入了解其发展历程、改革动因,总结其成功经验,获得宝贵的一手资料。在每天的调研活动之后,每名成员就当天的调研内容凝聚 500 字以上的相关感受和小结,这种方法能够有效帮助学生综合使用所学知识来分析搜集到的信息和问题,使学生提升了原有问题认识,不断完善原有的访谈问卷设计,并有利于横向地将调研城市进行比较,更好地发现调研城市的特色优势。第五,调研经验总结阶段。实地调研结束后,学生第一时间内对调研访谈、录音、影像资料进行整理,做好记录反馈工作,保持调研内容的时效性和准确性。同时以学生为主体来编制实习成果,结合相关专业知识进一步总结实践调研中的所见所闻,撰写新闻稿三篇、调研报告一篇以及成果集一本。同时通过演讲汇报、发布成果集、多媒体平台宣传等方式,将有关内容分享给有需要的读者,使实践调查成果发挥更大的影响力。表 1 总结了本次实践教学方案设计的全过程全要素。

表1　"重温红色之旅"项目系统性教学方案设计

实践动员阶段	背景资料搜集阶段	调研地点选定和联络阶段	实地调研阶段	调研经验总结阶段
① 确定主题 ② 人员筛选 ③ 专业培训	① 文献查阅 ② 明确主体 ③ 关键词解读	① 地点选定 ② 联络确认 ③ 安排行程	① 参观记录 ② 座谈会 ③ 实地走访 ④ 问卷调查 ⑤ 每日小结	① 资料整理 ② 成果编写 ③ 成果评估 ④ 成果发表

（三）多元化要素：教学方法和工具的多元运用

"寓教于行"的教学模式重在培育学生实践过程中的创造性思维,教学方案也需要具备创新性和多元化的特征,才能够进一步激发学生思考,为学生创新提供更多的渠道和可能性。教学方案的多元化具体表现为研究方法多样化和研究途径丰富化。研究方法多样化强调运用学科多维度的思考体系和多种类的操作途径来解决实践中遇到的问题,而研究途径的丰富化强调跳出学科技术框架的局限,另辟蹊径来加深学生在实践中的感受和认识。

例如在"知行杯"社会实践教学中,首先,在方案设计中运用专业研究逻辑,制定了一个涵盖多元化方法和工具的研究方案:引导学生对研究对象进行概念界定和文献梳理,通过实证研究和理论研究开启发学生的问题意识和批判性思维,通过讲授研究方案和进行初步的描述性分析,再具体讨论问题生成的原因,并针对性地提出一些建议。其次,学生通过多样化的社会研究方法,进一步加深理论和实证研究。例如,文献法,通过查询有关文献资料,加强研究的理论性和科学性;访谈法,围绕相关话题展开,加深学生对群体生活现状的了解;非参与式观察法,通过不定期走访观察,为课题研究获取直观感受;问卷法为研究提供真实有效的数据支撑。表2对"知行杯"社会实践教学方案多元化要素进行了总结。

表2 "知行杯"社会实践大赛的多元化教学方案设计

研究思路专业化	研究方法多样化	研究途径创新化
概念界定、文献梳理、实证研究、原因分析、建议提出	文献法、访谈法、观察法、问卷法	公众号建设、纪录片拍摄

该项目同时实现了研究手法的创新,引入了诸多生动有趣的实践研究途径。比如在资料的搜集上采用现场拍摄和录制的手段,相比于传统的录音访谈和文字记录,可以更加真实地记录青年快递员、外卖员工作生活的片段,展现其精神风貌。再比如打造微信订阅号平台,来进行阶段性的记录和研究输出,同时通过该平台与社会外界形成良性互动,能够更加有效地了解社会对于外卖和快递行业从业人群的态度和看法。

四、教学项目效果评价

总的来说,"寓教于行"的实践教学模式在一定程度上通过社会化的培育,使学生加深了对社情民意的关注和关怀,有利于正确价值观的形成和健全人格的培养。"知"与"行"的结合使学生能够真正地学以致用,有利于提高其利用专业知识分析和解决实际问题的能力,加深其对所学专业的理解和掌握。最重要的是,以学生为核心而展开的实践教学能够提升学生的主体意识,培育其个性特征,在实践过程中开拓视野,激发其独立思考、自主创新的思维习惯,最终实现创新型人才培养的目标。

首先,通过实践教学激发学生的研究兴趣,丰富教学成果和科研成果,也获得来自社会各界的认可。以"知行杯"社会实践大赛为例,此次项目的学术成果包含对策专报 1 篇以及在 Sixth Tone(澎湃英文版)发表的英文评论 1 篇。学生在实践教学课程期间打造的"漂移之声"公众号,作为聚焦于快递、外卖员生活的线上沟通服务平台,一方面让社会了解在上海工作生活的外卖和快递青年,以故事性的方式说出他们的心声,记录了这一群体的风貌。另一方面,也为他们提供一个了解社会,带来生活便利的途径。最终公众号一共获得 1 152 人的订阅数。此外,教学团队将实践中的影像资料整理制作成一个短纪录片,记录了快递、外卖员工作生活的片段,展现其精神风貌,通过倾听他们的心声,给予其一定的关怀和诉说的渠道。教学团队还创新开发了沪语、英语简易读本,由社区或企业层面将简易沪语、英语读本发放给快递、外卖员,作为增强其沟通能力、培养职业技能的一种方式;还开发了交规小游戏作为其休息时的放松方式,让他们在休闲娱乐的同时能够了解一定的交通规则,为其出行安全增添一份保障。

其次,实践教学提升学生对跨国文化认识的深度与交流热情。例如,意大利暑期实践教学交流课程结束后,团队成员对考察所得进行内容总结与成果反馈,完成名为《濡染与守护:当下的我们如何与古代文明相处》的实践报告,同时,此项目成果还包括每个小组成员在游学期间的 3 篇 500 字的游学体会、一篇 2 000 字的游学小结,以及一段记录团队游学历程的视频。从教学效果看,学生对于城市更新与文化遗产保护、传统与现代如何平衡等问题抱有浓厚兴趣和研究关注。此外,团队成员以此次游学的所见所闻为灵感来源进行游学专题展板的制作,通过在学校范围内进行展览和宣传,将团队此次游学的成果及收获分享给大家。此次游学实践经历的收获,更多的是游学过程中国外优秀历史文化所带来的洗涤与熏陶,在两周不到的时间内,学生对三座城市的建筑与规划、历史与人文形成直观的认知,对经济史、艺术史、建成环境(built evironment)的更新保护等知识也有所了解。走出大学课堂,暂时脱离自己熟悉的环境,用脚步丈量异域城市,这不失为一种鲜活的学习方式。从日常生活到参观游览,学生在陌生的地域环境中感受到不同的文化内涵,开阔视野的同时不断思考。

最后,实践教学提升了学生对红色文化的新认识和新理解。例如,"重温红色之旅"实践教学课程中,学生通过分工合作,制作和完善《重温红色之旅,筑梦"一带一路"——社会主义市场经济发展中的"红色基因"调研项目》调研报告及其成果集。通过九天的走访调研,学生不仅收获了大量的资料,为后续进一步的研究做了铺垫,同时还为今后国际关系、地方政府学、社会主义市场经济等学科课题的完善提供了宝贵的实践经验,为学生未来的学术研究打下了坚实的基础。此外,在调研过程中,实践团队得到了各地团委的大力支持,在与当地团委工作人员和相关企业家深入交流的过程中,学生获得了课堂教学难以获得的知识和经验,并对"红色基因"如何在新时代发挥重要作用,如何促进"一带一路"的实施和落地有了更加直接的体验,提升了学生的政治认同与红色文化熏陶效果。实践结束后,教学团队还一直保持与地方政府与企业的联系,及时通过微信公众号等途径将所思所获分享给调研对象。调研过程中,实践团队及时根据每日行程及收获,撰写新闻稿,先后发布到"同济大学团委实践部""青春同济"校团委公众号和同济大学政治与国际关系学院官方网站及其公众号"同济国政人",并被转载发布于余姚市共青团网站"余姚青年网",截至 2018 年 9 月 15 日,累计阅读量达 1 113次,赢得了广泛关注。

五、结语

在高等教育实践不断推进和国家对人才培养要求不断提高的背景下,新的教学理念得以提出和发展,新的教学方式也不断推陈出新。经过教学与实践的锤炼,本文提出"寓教于行"的实践教学创新是对高等教育本科创新型人才培养的有力补充与可行路径。高等教育既是专业化过程,也是帮助学生完成社会化的过程,更是促进专业与实践高效互动的实践过程。高等教育的创新首先是人的培养方式的创新,尤其是对于一个即将迈入社会的成年人来说,高等教育更应该培养他们的多种能力,包括交流能力、团队协作能力,更应该培养他们的创新能力和自我教育的能力。从更长远的人才培养目标来看,实践教学不仅能够培养学生的上述能力,还能够培养学生的理想信念、跨文化交流底蕴、全球化竞争能力。因此,从这个意义上看,新时代的人才培养与高等教育创新离不开实践教学创新,我们需要更加重视实践教学创新。

从具体教学设计方面看,"寓教于行"的实践教学模式是通过专业知识的运用化和实践成果的经验化,来提升学生的自主学习能力,并以此构建人文社会科学领域自主知识体系。这一点与当前中国高等教育与哲学社会科学的建设目标高度契合。实践证明,通过实践教学创新,能够实现较高的学术转化率,能够最大限度地提升学生的自主学习能力以及独立思考和分析问题的能力,是当前实现创新人才培养和国家发展长期战略的重要途径之一。当然,我们需要思考当前如何进一步完善实践教育模式长效运行机制,需要把实践教学机制纳入本科教学培养体系和培养方案,突出红色信念培养、国际化全球化交流、社会实践能力提升等特色和目标。换句话说，当前诸多实践创新项目不能仅仅以学术成果的完成作为其终点，而是要以人才培养和成长，尤其是以人才与社会对接、与发展对接为使命，唯有如此才能够将学术成果中体现的创新思维运用到人才培养与社会进步的高等教育实践之中。

参与式学习纳入教学的系统性方法*

章 超

【内容提要】 基于高校社会学教学中常用的学生小组调查作业的考核方式,本文从该方式执行过程中存在的问题出发,以"环境社会学"课程为例,提出如何将小组作业的设置和进程式指导纳入课堂体系,并使之成为参与式学习的载体。文章第一部分阐述参与式学习的理念,以及由社会调查带动的参与式学习对于社会学教学的价值。第二部分介绍"环境社会学"课程的小组作业主题设计以及对参与式田野调查的强调。第三部分讨论课程作业的指导体系的组建和开展。第四部分评估该教学方式的成效。

【关键词】 参与式学习 课程调查作业 教学 系统性方法

【作者简介】 章超,同济大学政治与国际关系学院讲师。

---

* 本课题为同济大学研究生教育改革与研究项目"基于全过程多平台协同的研究生学术不端防范与应对体系研究"(项目号为0400106024)的中期成果。

在高校社会学教学中,布置学生分小组就某一课题进行课外调查、撰写小组报告成为课程作业的一种常态。作为参与式教育体系的一部分,这种方式增加了教学过程中的学生参与度。与课堂内容配置适切的社会调查部分亦能增加学生对课堂知识的理解。然而,这种形式在执行中存在着不少问题和挑战。首先,对教师来说,课程作业可能更多只是以一种考核形式存在,与课堂、教师指导之间的关系是疏离的。在课堂内容设置中,课程作业的环节通常是期末时的小组最终成果报告。其次,学生小组调查的过程和进展基本上游离于课堂之外——教师并不清楚学生在调查中遇到的问题,使得小组作业流于一种考核平时成绩的形式。再次,学生在一个学期里可能要同时完成不同课程的小组调查作业,投入在每项小组作业上的时间是有限的。如果每门课程都没有包含对小组作业的进程式指导体系,学生总体上的学习效果会大打折扣,从社会调查中获得的认知可能是表面的、零碎的。

因此,我提出将小组作业的设置和进程式指导纳入课堂体系;基于课程作业开展的社会调查及系统化指导是参与式学习的重要方式。文章将以我开设的"环境社会学"课程为例,探讨将社会调查类课程作业纳入课堂指导体系的实践以及取得的教学效果。

一、参与式学习的内涵和作用

近三四十年,强调学生参与的教学方式在国际教育界受到很多肯定。英文学术文献讨论了这种教育理念的多种应用。坎托提出"体验式教育"(experiential education),认为它是将学习者和他所学习的对象直接联系在一起的学习行为。① 相关的概念还包括"基于问询的学习"（inquiry-based learning）、"基于研究的学习"（research-based learning）以及强调志愿活动的"服务式学习"（service learning）②等等。上述不同的提法有的相互交叉，但都表明了学生能动性的参与在获取知识和应用知识过程中的作用。与参与式教育相对应的是叙述性教育（narrative education）。这是由教师单方面发起的训导式教育，因其输送知识的方式就像是往没有余额的账户里存钱一样，这种教育也被比喻成"银行式教育"（banking education）。③ 如今，很少有学者依然认为接受教育的一方是干涸的水库或者余额不足的银行账户，"接受"因其带有被动性的含义也受到了质疑。在我国强调素质教育改革和培养能力型人才的背景下，越来越多的学者在学习是一个教师和学生双方共同建构知识的过程这一点上达成了共识。在教与学的过程中，学生是能动的主体，是知识的生产者；学生通过自己的阅读、调查研究、实践体验，直接促成了知识的生成。

（一）参与式学习的概念解析

参与式学习的"参与"概念部分可溯源至大众文化理论。德国哲学家瓦尔特·本雅明提出，随着摄影、摄像、唱片等机械复制技术的实现，人们与艺术品之间的关系发生了根本性的变化。前资本主义时代艺术品之于人们的膜拜价值转而变成展示价值，人们观赏艺

---

① Cantor, J. A., *Experiential Learning in Higher Education: Linking Classroom and Community*, Washington, DC: ERIC Clearinghouse on Higher Education, 1997.

② Mooney, L. A. & Edwards, B., "Experiential Learning in Sociology: Service Learning and Other Community-based Leaning Initiatives", *Teaching Sociology*, Vol. 29, No. 2, 2001, pp. 181 – 194.

③ Freire, P., *Pedagogy of the Oppressed*, London: Penguin, 1970.

术品的方式也从凝神专注变成一种消遣和带有主观态度的体验。①
受众的增加使得文化产品的生产者更多考虑大众的需求。布莱希
特的戏剧理论更进一步,认为戏剧应当最大限度地调动观众的积极
性,将观众作为戏剧的参与者。他提出在戏剧中使用间离效果和中
断,迫使观众从情节中抽离出来,以清醒的态度看待表演者和剧情。
这种对剧情的思考既可让观众检验自己的经历,也能为大众提供想
象的空间。② 布莱希特的戏剧理论对大众文化研究产生深远的影
响。20 世纪 60 年代兴起的伯明翰学派更加肯定了大众的文化生
产力。代表人物之一约翰·费斯克认为受众拥有巧妙的生产力,通
过文本与日常生活之间的关系,生产出文本的意义。③

　　对大众生产力的肯定体现了现代社会中文化艺术世俗化的趋
势,平民的智慧和创造力获得了伸展的空间,精英文化的地位受到
挑战。大学教学不等同于大众文化的生产和传输,学生也不等同于
大众文化的受众,但是大众文化研究中的参与理论对于理解教学仍
然有一些借鉴意义。比如文化受众由被动观看和接纳转变为主动
介入,由对高高在上者的仰视转变为生产者和受众之间的对话。参
与式学习也强调这种转变,对话式的教学胜过教师单方面发出的解
释性的、阐释性的教学;教师和学生之间的关系具有某种生产性。
诚然,高等教育与大众文化传播也有不少区别。大众文化希望递达

① [德]汉娜·阿伦特编:《启迪:本雅明文选》,张旭东、王斑译,北京:生活·读书·
新知出版社 2014 年版。
② [德]瓦尔特·本雅明:《作为生产者的作者》,王炳钧等译,郑州:河南大学出版社
2014 年版;[英]派迪·斯坎内尔:《情境化的本雅明:论〈机械复制时代的艺术
品〉》,载[美]伊莱休·卡茨等编:《媒介研究经典文本解读》,常江译,北京:北京
大学出版社 2011 年版。
③ [美]约翰·费斯克:《理解大众文化》,王晓珏、宋伟杰译,北京:中央编译出版社
2006 年版。

更多的受众，所以大众文本浅白、夸大、富有俚语和陈词滥调，其伸张的观点又有从文本中滑出去的空隙。高等教育的目标并非如此。大学教育教授的知识和理论有一定的原则性，是经过检验的判断，包含了推理和思辨的过程，具备一定的深度。所以，从接受方来看，大众文化的受众在解码，甚至是创造性解读和改编中生成意义；而伴随参与式学习的知识建构没有那么开放的尺度，建构仍然在一定的知识和理论框架内进行，其效果以是否促进对教学内容的理解为重要衡量标准。

另外，发达国家的学者在第三世界国家进行的国际援助项目也增进了学术界对参与式学习的认知。参与援助项目的学者发现，被认为对当地人民有帮助的援助和培训并不一定会收获当地社区的参与兴趣和热情。要设计一个成功的援助项目，项目方需要深入了解当地的风俗和信仰，发现那些对当地人的态度和行为有影响力的意见领袖和社区关键人物，从而使项目获得受助者的认可，让当地人更多参与到项目中来。[①] 如同国际援助项目一样，大学教育中的学生和教师也拥有不同的经验、视域和价值观念。由此，在教师与学生、教授与接受的互动中，需要找到一个适切的主题、社区载体或者人群，以此作为学生投入精力和实践的触发点，也能与教师的研究兴趣、专长和经历对话。

近些年参与式学习引起国内学者的关注。与参与式学习相对应，孟和乌力吉认为参与式教学集教师、学生、教材、课件、讨论和实践于一体，是一种多要素协作互动的新型教育和方法体系的总和。[②]

---

① ［法］埃斯特·迪弗洛、［印度］阿比吉特·班纳吉：《贫穷的本质》，景芳译，北京：中信出版社 2013 年版。

② 孟和乌力吉：《本科生参与式教学模式的应用及其效果分析》，载《民族高等教育研究》2015 年第 6 期，第 56—62 页。

也有学者根据学习的实际参与程度、投入程度以及持续时间,将参与式学习分成形式性参与和实质性参与,认知式参与、情感性参与和行动性参与以及短暂性参与和持久性参与。[①] 它们区分了参与的层次,旨在引导教师识别学生参与的假象,认识到参与的渐进性,使得学生达成理想的参与状态——出于主观意愿的实际性参与。它是认知、情感和实际行动层面参与的结合。

综合上述理解,本文提出,参与是一个关系性的概念,通过学生能动性的发挥,带来的是教学过程中多要素的协作;课堂和课外、学生阅读和老师授课、讨论和行动得到有机结合,来自不同渠道的知识和经验被调动出来,成为最终建构知识和认识的资源库。同时,参与也是一个过程性的概念,学生经由自身的投入、行动使得学习循序渐进。这些行动包括课堂和课外的积极思考、课前课后的阅读、社会调查、实习等等。由此,参与式学习指代学生在调动知识、经验和行动的基础上达成的进展式学习,是多方合作的结果。本文从与课堂教学相配合的社会调查的角度来探讨参与式学习,以笔者教授的本科生课程"环境社会学"为例,讨论社会调查方法在参与式学习中的应用以及将其纳入课程指导的方式。

（二）参与式学习与社会学教学

参与式学习对于社会学的教学有着多方面的作用,比如提高学生的学习积极性和问题解决能力,教会学生工作和社会技能[②];指

---

① 朱拥军、查永军:《论参与式学习的层次性及启示》,载《课程与教学》2009 年第 5 期,第 34—37 页。

② Cantor, J. A., *Experiential Learning in Higher Education: Linking Classroom and Community*, Washington, DC: ERIC Clearinghouse on Higher Education, 1997.

导学生的学术选择①;增进对研究伦理的理解②。社会学的本质兼有高度的理论性和实践性的双重特点,社会调查是促进两者进行转换的媒介。社会学的理论有的产生于真实世界的结构,有的是对未来趋势的预测。它们基于对社会事实的判断、总结,虽然探讨的是距离日常生活并不遥远的社会现象和发生机理,但是其提炼、升华的判断历经了抽象化和逻辑思辨的过程,包含了作为"概念"的学术话语。社会调查通过观察、参与、互动等方式接近社会事实发生的现场,在凝练研究问题、分析数据资料的过程中,寻找理论、应用理论,从而增进理论理解以及对社会现象的洞察。已有的社会学专业培养计划通常以专业实习和毕业实习等单独安排的实践环节来推动学生的社会参与,前者要求学生开展社会调查并提交报告,后者与就业方向密切联系,侧重将学习到的知识和方法运用于实际工作。

已有的社会学以及更为宽泛的社会科学教学研究中,有关参与式学习或者将社会调查整合进课程设计的讨论很少。一些学者倾向于关注实践教学的开展。社会学教学实践被分为认知学徒式和师生互动式。③ 郭荣茂叙述了华侨大学社会学专业学生的社区志愿服务。通过为社区里的孩子设计"寻宝活动"的方案,学生既完成了专业培养中所要求的"实践环节",也提高了社会责任感。④ 孟和

---

① Lambert, C., "Pedagogies of Participation in Higher Education: A Case For Research-based Learning", *Pedagogy, Culture & Society*, Vol.17, No.3, 2009, pp.295-309.

② Teixeira-Point, Stephanie M., Cameron, A. E. & Schulman, M. D., "Experiential Learning and Research Ethics: Enhancing Knowledge through Action", *Teaching Sociology*, Vol.39, No.3, 2011, pp. 244-258.

③ 汤夺先、李静:《高校社会学专业实践教学的开展》,载《当代教育与文化》2013年第6期,第85—90页。

④ 郭荣茂:《社会学实践教学中社区服务方案的设计与应用——以厦门市吕岭社区小海豚伙伴营为例》,载《教学研究》2014年第2期,第108—110页。

乌吉力介绍了在自己所授"环境社会学"课程中指导的水资源调查、垃圾分类回收等主题的学生课程作业，并指出其对于培养学生的综合能力和搭建学生科研平台的作用。[1] 社会调查与课程内容疏离或者学生小组调查作业流于形式化，可能有以下两个重要原因。一是，社会调查以及相伴随的观察和访谈不在课堂现场，教师难以把控。[2] 如果学生要求教师帮忙联系调查地点，教师需要具备相关的资源和社会交往能力。二是，社会调查过程中的很多发现是结构松散的、多视角的，与课程内容的相对集中性难以对应。因此，若要将社会调查纳入课程教学和指导，需要系统规划课程内容和设计授课形式。

二、"环境社会学"小组调查作业的设计及对调查方法的要求

环境社会学是社会学领域的新兴分支学科，研究与环境相关的实践、运动、组织和社会学思想。第二次世界大战后，世界经济进入一个相对稳定增长的时期，快速工业化所带来的环境污染严重影响了人们的生活。欧美国家的环境运动，日本民众对公害病的抗议，都引发了学术界对"人类为中心"思想的反思。与发展主义并存的各式生态风险、安全危机使得人们越来越意识到环境问题不仅是环境科学意义上的，也是社会的问题、人类自身的问题。在党的十九大报告中，习近平总书记提出"绿水青山就是金山银山"，"建设生

---

[1] 孟和乌力吉：《本科生参与式教学模式的应用及其效果分析》，载《民族高等教育研究》2015 年第 6 期，第 56—62 页。
[2] Scarce，R.，"Field Trips as Short-term Experiential Education"，*Teaching Sociology*，No.25，1997，pp.219-226.

态文明是中华民族永续发展的千年大计"等重要思想，在国家战略层面进一步明确了可持续发展的理念。作为跨学科的研究领域，环境社会学以社会学为主要理论支撑，吸收来自环境科学、管理学、人类学等学科的养料；涉及消费、治理、健康等议题时，环境社会学又与消费社会学理论、政治社会学和健康社会学等分支密切交叉。

"环境社会学"是一门专业必修课，课程选用了美国社会学家迈克尔·贝尔所著的《环境社会学的邀请》作为参考教材。该书从物质、现实和观念三个层面来探讨环境，逻辑性和体系性较强。我借鉴了这一框架，在各个部分的内容设置中，兼顾了中国的案例和国外的案例，并突出了专题性。"物质"章节从消费和社会变迁的角度探讨消费伦理的变化以及与环境的关系；"现实"章节讲述环境运动以及与环境诉求相关的社会组织和环境治理；"观念"章节讲解环境社会学领域的理论和思潮。除此之外，我增加了"公有与私有""现实主义与建构主义"等内容作为理解环境问题的起点。本课程的教学目标包括如下几点：了解环境社会学的基本理论架构和议题，建立起对环境社会学的学科认知；将社会学的视角引入对日常生活和环境的思考，重新认识消费、健康以及与环境诉求和风险相关的社会表达、组织和治理；引导学生培养公平、正义和人文的视角，反思环境危机并且投入保护环境和可持续发展的努力中。考虑到环境社会学跨学科、专题性强、实践性较强的特点，本课程将小组调查作为平时成绩考核的主要依据。

课堂的学生容量为 15—20 名，因此分小组的作业进展汇报和指导较为可行。每三到四名学生组成一个小组，就与课程相关的某一题目进行调查，搜集第一手资料，并在一个学期的时间跨度内完成开题、调查执行、分析和调查报告的撰写。课堂中安排了开题、中期和最终成果汇报三个环节,从题目选择、项目设计、项目进展等方面跟进学生的调查情况和分析情况,使得最终的调研报告有较高的质量。

(一)课程作业的主题设计

课程作业的主题选择了与课堂内容贴合或交叉、相对集中的设计。在实际操作中,课程作业的布置有几种不同的方式。一种是不设主题,只要求满足环境社会学的研究领域,由学生自由探索自己喜欢的方向。另一种是提供几个主题作为供参考的选题范围,再让学生在某个主题内自行选择更加具体的题目。这两种方式我都尝试过,课程经验表明第二种的实际效果比第一种好。

第一种方式事实上是拷问学生的研究兴趣。在一项小组作业中,找到大家共同感兴趣并且富有可操作性的研究内容并不是一件容易的事。在刚刚进入大二学习的阶段,很多学生的研究兴趣并不明确;另外,由于初涉环境社会学的学习,对于该学科分支有哪些议题也并不清楚。尽管教师提示,这些议题只要与环境大体相关就可以成为环境社会学的研究对象,环境所包含的宏大范围以及怎样从社会学的角度来研究与环境相关的议题,仍然是学生选题的主题困惑。还有一种常见情况是,最后确定下来的小组题目并不一定是每个人的兴趣,而是其中某位学习能力较强或者观点较为明确、表达较具说服力的学生的兴趣,那么其他同学在参与、执行课题的后续过程中可能缺乏主动性。再者,所选定的感兴趣的议题并不一定具有深入研究的可操作性;而所谓对一些议题不感兴趣的学生并不一定是真的不感兴趣,而是对议题缺乏了解,比如因没有亲身参与过而感到生疏,或者没有想到一些看似生活化的议题也可以作为社会学研究对象。

第二种方式是给定几个议题,学生在既定的范围内寻找自己感兴趣的问题切入点。议题是一个较大的范畴,比如消费、浪费和再利用,都市农场,环境污染,等等。这些议题与课程内容和专题相结合,呈现了环境社会学中的部分研究领域或者一些新兴的社会现象。学生在某一议题内再选择更为具体的研究对象,进一步提出研究问题。客观上,这个过程也是一种兴趣的引导。相较于第一种没有限定议题的自由探索,第二种在帮助学生建立兴趣方面较有效率上的优势。另外,由于教师对这些议题有较多了解和实际的田野调查积累,后期指导也可能使学生有更多获益。

(二)对深度田野调查的强调

所确定下来的课程作业大多专注于某一个社会群体、组织或者某一环境事件的研究,是建立在个案研究基础之上的,有关机制、因素以及社会结构和变迁的分析。社会学家韦伯认为对行动的理解是社会学的首要任务,人的行动是有价值可循的。理解个体、群体的行动以及实践逻辑,构建完整的叙事框架,是田野调查的重要内容。本课程倡导深度的田野参与,建议学生以志愿者、行动者的身份较为自然地进入田野,参与相关活动,接近研究对象,获得"情境认知"。以针对上海市小农夫市集的研究调查项目为例,一般意义上的参与可以是成为农夫市集的光顾者或购买者,在观察店铺的同时,顺带或者有意识地买一些东西,从而拉近与农夫摊主之间的沟通距离,增加交流机会。深度参与则是使自己"沉浸"到场景和研究的组织、活动以及网络关系中。那么在市集这个语境中,比如研究者成为市集的一名志愿者,通过拥有一种与研究对象相似或者相关的身份和体验,从而获得更深的理解及认知。在一项有关农夫市集和新农人的小组调查中,一位学生承担了一个有机豆腐摊的照看者的角色,协助店主称豆腐。在这个过程中,她观察到出售给老年顾客群体的豆腐价值要略优惠于中青年顾客。此外,她还观察到店主和顾客之间存在一种相互信任的关系。店主不会实时核查每位顾客通过支付宝或者微信的付款情况,而是认为只有他信任了顾客,顾客才会相信他做的豆腐的好品质。这些互动中的细节非常关键,揭示了替代性食物网络中的信任机制并非建立在行业认证、有机食品标签的基础上,而是建立在个体、人品信任的基础上。若没有承担店铺照看员的角色,这种认知的获得可能需要更多的周折。

在"创智农园"、"宝贝爱蓝天"捐衣组织、"素食群体"等研究项目中,学生都以志愿者的身份参与了相关活动和具体工作。在"创智农园"调查中,学生承担了该组织发起的自然教育活动的现场签到、协调、摄影记录等工作,志愿服务频率为每周一次。在"宝贝爱蓝天"项目研究中,学生进行了为期两个月、总共 10 次的志愿服务,内容为衣服质检、匹配和装箱,熟悉了整套系统的操作方式。这种参与方式更为正式和程序化,即按照每一周的活动流程,几位组员分工合作,共同协助组织。田野调查的一大挑战便是进入田野的方式——不能过于生硬、过于工具理性。大二的本科学生由于田野调查经历有限,社会经验也十分有限,在介入社会性强、他们的人际交往和社会网络并不能到达的领域时,往往找不到入口,心生怯意;或者在提问时流于表面、点到为止,抑或抓不住重点。通过参与志愿服务,学生进入田野的方式十分自然,尽可能最大限度地保持与田野中信息的连通。另外,由于志愿服务,学生认识了工作人员,和他们的访谈也进行得较为平顺、深入,不至于显得突兀。

三、对课程作业的过程式、体系化指导和参与式学习

"环境社会学"课程设置开题报告、中期汇报和结题报告的序列来督促、跟进、指导学生报告。现有的课程组织体系中，小组作业的常见形式是期末课堂报告。该做法主要有两个目的：教师对报告进行评估打分，提出意见和建议，并联合其后学生递交的书面报告，对小组作业进行总评。这种操作方式存在显著的不足之处，即难以跟进学生课题的进展。针对最终报告的意见由于提出时已临近期末和项目的结束期，错过了调整和修正的时机，从而难以对最终成果带来实质性的改进。而且由于前期课堂缺乏对这些课题的相关介绍和铺垫，仅以一次性最终报告的方式予以展示，教师要在短时间内获知报告要义，提出关键的指导性意见，学生要达到对报告的学习效果，事实上是存在疑问的。由此，我将学生毕业论文的一般流程应用到课程作业中，对学生课程作业采取了过程式的、体系性的指导。

（一）开题报告和中期报告

开题报告是对选题的考察，需要将选题置于社会背景和环境状况中考察，完成与选题相关的已有研究的检索，并且拟定选题包含的研究问题、研究方法和时间进度。中期报告是学生在完成一定田野调查和资料搜集的基础上，及时整理、分析已有的数据，呈现部分研究成果以及提出所面临的问题和下一步计划。中期报告是整个进展中的重要一环，需要教师根据学生已获得的调查资料和发现，对课题进行总体性的把握，尤其是研究问题是否需要调整，以及在资料搜集上需要做哪些补充，等等。通过总结以往的学生报告，面临的大致的调整状况见表1。

表 1 课程作业中期报告的几种调整情况示例

遇到的状况或者呈现的问题	改 进 建 议
原先的研究问题并不符合田野的实际状况,难以搜集到相关资料	根据田野调查的实际情况,调整研究问题
田野资料比较丰富,包含不同的方向,缺乏聚焦	了解田野资料的概貌后,选择有价值、触及问题实质的点进行深入
所获得的田野资料比较单薄	增加收集资料的渠道,拓展研究方法
没有找到相关的理论视角,停留在具体的、就事论事的讨论	给出理论视角的提示,建议学生在某个理论视角和研究领域寻找相关理论,并且考虑与资料的结合

开题报告和中期报告中,师生之间围绕研究对象进行的学术沟通,隐含了学习和研究过程中的知识建构。以"家庭食物消费和浪费"这一研究为例,学生在回收到食物日记并进行简单的访谈后,认为缺乏材料、难以继续研究,原因是那些认为家中的食物浪费很少的家庭,所提供的食物日记也非常简单,看起来似乎没有值得用社会学理论进行深入讨论的内容。造成这种状况有几个原因:所获得的资料的确比较粗粝,缺乏定性研究需要的肌理和细致性,也无法构成资料内部之间的叙述逻辑性。实际上,学生获得了一些关键点,但是一方面并没有意识到它的重要性,也没有深入提问和挖掘,导致那些信息被忽略了;另一方面是学生已有生活经验的限制,或者相关问题的学科视角和理论知识的缺乏,阻碍了学生形成对问题的重要性以及概念之间的逻辑关系的判断。

在这种情况下,教师的优势在于具备认知该议题所需要的生活经验,对消费理论和已有的相关研究图景的了解以及经由学术训练累积所形成的提炼、归纳和综合能力。我注意到在学生转述的访谈内容中,受访家庭和同学、朋友在外就餐时,会因为面子问题等原因多点菜而产生一些浪费。由此,建议学生以外食和在家用餐的比较作为一个重要的问题点,继续提问、多方面挖掘相关资料。事实上,对外食的研究,已是消费和日常生活社会学、可持续发展领域中的一个重要内容。在国外相对成熟的文献讨论中,外食不仅有关方便,更包含愉悦、社交等含义。[①] 随着学生中期报告之后的内容细化和方向的微调,我也给学生发送了相关议题的英文文献,并指导学生如何在国外期刊数据库中搜索专业文献。通过补充访谈和增加来自大众点评的数据,该小组通过梳理发现上海中等收入家庭食物消费中具有适度节俭同时寻求多样性和愉悦享受的双重特点,后者与面子文化、新奇体验和追求品质有关,更有可能伴随着食物浪费。

(二)结题报告

结题报告在教学周的最后两周进行。和所递交的纸质版的报告相比,课堂报告的特点在于可以呈现与调研过程和调研主题相关的照片。这些材料与学生的讲述共同传达出学生作为调研行动者的角色以及研究进程中感性的一面。口头报告也有精炼的特点。每组的报告时间不会超过 20 分钟,考验学生抓大放小、梳理逻辑主线和核心发现的能力。通过课堂汇报和问答环节,教师能够更好地对课程作业进行评分,判断学生对理论或者某个问题的理解程度,并且了解论文中没有写到但是重要的方面。

经历了之前的开题报告、中期报告,教师和学生对于最终报告的呈现充满期待。大家从课题的进展中看到彼此的成长,也感受到

① Warde, A. & Martens, L., *Eating Out: Social Differentiation*, *Consumption and Pleasure*, Cambridge: Cambridge University Press, 2003.

不同组的投入差异和自身参与的程度。因此,结题报告既是课程作业的总结、展示,也提供了同组学生之间和不同小组之间相互参照、学习的机会。根据过去几年的经历,学生小组作业报告的环节,气氛通常是热烈的,学生走上讲台做报告的状态如同在秋日收获果实,这种状态也感染了教师和学生,宣告了一个学期的课程即将走向尾声。

四、围绕社会调查展开的参与式学习的效果评估

持续一学期的社会调查项目以及相伴随的进程式指导体现了动态的参与式学习的过程。学生提交的调查报告是评估这一参与式学习效果的直接指标。然而,事实上,学生取得的学习效果在很多方面超越了调查报告。围绕社会调查进行的参与式学习是一项综合的活动,需要组织能力和管理能力,也是社会学研习能力的综合锤炼。学生所写的田野日记反映了个体在性格、经验和能力方面的差异,同时也以敏锐的触角记录了自身的成长。

（一）体现知识建构的能动过程,达成实践自觉和理论自觉的统一

撰写课程作业是围绕研究对象的知识建构过程,体现了学生的学习自主性,也是师生之间相互学习的过程。研究对象及相关的资料呈现与教师、学生的知识系统和经验系统并不完全是紧密相接的。与学生之间的裂缝超过与教师之间的裂缝,抑或是相反的情况都有可能存在。比如可持续时尚的议题和环保组织的运营机制的议题,对于某些师生来说,都不是非常熟悉的内容。随着田野调查的推进,师生会有很多新的发现。相较而言,可持续时尚的议题与

学生的距离可能更小,其中涉及的可持续时尚设计师的"斜杠"故事以及年轻、前卫的消费群,拥有更相似的经验、生活方式和价值观的学生,较容易与之开展对话。相反,环保组织的运营机制的议题可能与教师的距离更小。因为教师由于专业和实践的积累对环保组织的了解更多。贯穿整个学期的指导事实上是教师和学生之间的知识、经验系统的不断交流。上文所述的开题报告和中期报告中师生之间的对话尤其如此。另外,对学生而言,通过阅读相关文献、与他人互动、参与田野调查,可以"发现"他人的经验,构建理解语境,提高对研究对象的认知和分析。知识不是孤立于个体生活和实践的客观对象物,而是物质世界和精神世界的组成部分。[1] 学生在这个探索和调查的过程中形成对事物的理解,从而获得知识。

围绕课程作业进行的阅读、调查和写作也体现了理论自觉和实践自觉两者之间的关系。伴随调查进行文献的补充和更新、寻找理论视角是理论自觉的培养,制定更可行、更深入的田野方案是实践自觉的执行。最终,学生获得的理论洞见和对于研究对象的认知,又进一步指导其开展实践和认识社会。学生基于分析发现所提出的反思和展望的过程亦是培养一种"调查实践指导现实"能力的过程。相较于学生日后工作中面对的解决问题的实际状况,这种专业性的训练和收获十分重要。

(二)导向规范的社会学研究的训练,提升运用研究方法的能力

规范的社会学研究是从确定选题直至完成论文的一个完整的

---

[1] 齐学红:《教学过程中知识的社会建构———一种知识社会学的观点》,载《南京师大学报(社会科学版)》2013 年第 1 期,第 66—72 页。

过程。要符合学术规范，论文就应该具备清晰集中的研究问题、明确严谨的研究方法、服从于数据和资料的科学分析及结论。研究过程持续数月或者更长时间，因此需要自主的执行能力，跟随选题细化和田野深入后灵活调整、组织建构研究的能力等。持续一学期的课程作业成为导向规范的社会学研究的练习和预备，为本科毕业论文打下了基础。学生历经课题方向的调整、寻找受访对象和参与式实践、为深化课题补充资料等系列过程，直至完成论文，体会到了研究的系统性和不易，也感受到了严谨的学术精神。不少学生在田野日记中书写了研究方法的体会，反思了不足。

以"中青年素食者的生活理念和身份认同"为研究议题的学生倪某谈了她对访谈中"高光"的思考。"高光，来自访谈中最精华的一个问题，能够决定一次访谈抵达的深度。成功的访谈必然有令人惊喜的'高光'时刻，"她继续写道，"'高光'往往落在访谈提纲之外，在访谈者和受访者的互动碰撞下产生。即便有提纲作为框架，但不到结束的那一刻我无法知道这场访谈呈现出的面貌。'高光'时刻像转瞬即逝的流星，并非每次访谈我都能把握住。像现在的我就经常因为抓不到受访者的思路而问出一些傻问题，将访谈弄得平淡而尴尬。"在这里，"高光"成为对访谈的深度和活力的借喻。只拥有初步田野经验的学生在实际经历中意识到了预先准备的访谈提纲和动态性对话之间的关系。后者意味着灵活性，要求研究者能在短时内把握受访者经历的概貌和总体精神，这的确是一项需要累积和锤炼的专业敏感性和研究者能力。

学生提及的其他问题还包括：受访者在偏离的话题上表达兴致很强时，如何让访谈回到重点；处理不同渠道获得的不同形式的资料与问题间的论证关系；以平常的心态沉入观察的田野等。

（三）增加学生专业学习的自豪感和作为社会行动者的信心

与城市规划、交通规划等专业不同，社会学调查的目标并不是以解决问题为导向，而在于发现问题、透过现象看本质并且理解、阐释这些问题。这一学科定位以及学生自身行动能力和资源的有限性，易于在学生和所调查的问题之间形成距离和隔膜。通过参与社会实践和调查，习得社会学研究的方式，学生在增进社会认知、社会交往的过程中，收获了专业学习的自豪感和自身作为社会行动者的信心。

学生王某通过课程作业获得了学习的乐趣和信心。

> 大二的第一个学期就快要结束了，回首过往，从当初懵懵懂懂地撞开社会学专业的大门至今，时间过得很快。大一太多的公选课导致我对社会学的理解一直不深，但到了现在，特别是通过这一门课的学习，我不断地获得学习与研究的乐趣——社会学独特的研究视角与想象力更是深深地吸引着我，让我更加坚定了走上这条道路的决心。

田野调查往往是社会学研究中最让人兴奋的一部分。学生正是经由田野，从相对封闭的校园环境中走向社会天地，体悟与自身经历相异但有所回应的人和事。有的学生为梳理一条条线索后完成第一个访谈而感到自豪，有的学生被志愿服务过程中遇到的人所打动……一位学生将大学比作"悬浮"在城市之上的地带，来自云南的某位学生在前往距离大学校园一个多小时路程的都市农场的过程中，感到自己开始参与上海这座城市的生活。她写道：

> 一年多以来，我的生活半径不超过五百米。很多时间我觉

得自己并没有在上海落地……但这次作业中参与的一系列活动让我意识到,以一种和调查对象不一样的身份体察他们的生活纹理是件挺迷人的事。这种纹理藏在被我洗坏的苋菜中、煮了满满一锅糙米饭的电饭煲里……并不深入的互动不足以让我看到他们(有机食品爱好者)生活的真实全貌,但确实让我感受到有别于大学的温度。这种温度让我反观自己的生活轨迹,也让我学着从细微处阅读上海这座城。

这些鲜活的参与,走出大学校园并用脚步丈量世界的社会体验,开启了学生在理论指导下对社会的专门探索。查尔斯·米尔斯提到,社会学的想象力是一种素养,一种将个体境遇与社会结构、此时此地与遥远距离之外的某一趋势联系在一起的能力。① 这种联系的能力能够超越对当下、对个体的局限性认知,使得个体处在与周围、与更广阔的世界的对话与互动之中。在自身经历和感性经验的基础上,学生逐渐习得社会学的思维方式,感受到专业教育带给人生成长的价值。学生张某在有关她参与的"创智农园"项目的田野日记中这样写道:

在创智农园的田野生活,给予我的绝不仅仅是对于都市朴门的思考,或是关于农园生存发展的反思,更不仅仅是关于种植和植物的小知识,更多的是一种对社会、对公众的认知,以及在这样一群人中内心获得的温暖与热情。见到很多不一样的人,看到很多不一样的事……有些东西不寓于言语中而是直接

---

① [美]C.赖特·米尔斯:《社会学的想象力》,陈强、张永强译,北京:生活·读书·新知三联书店2005年版。

进入内心。很感谢这样的一次课题研究和老师，很感谢创智农园的所有人，也很感谢自己坚持参与的每一次活动，以及在探索中的眼睛和心。总觉得社会学的魅力在于此，会在过程中有意想不到却又让人惊奇的收获，感觉自己在不断丰富和充实，社会的形象也在不断地生动立体起来，自己越来越成为一个社会学人和社会人。今后也希望能以志愿者或是实习生的身份一直参与到农园建设当中去，能一直为这样充满激情与温暖的地方付出。

这种对个体的认知，对社会的洞察很难通过自然科学来获得。人文社会科学的魅力在于研究对象的千差万别、人物肖像的丰满立体、社会生活的复杂细微。借由历史的、文化的、政治的、社会的分析，学生们在探索世界的过程中，收获了认知和行动的愉悦，也进一步社会化。

自豪感和作为社会行动者的信心还来自学生与调查对象之间的后续联系、对方行动上的改变或是事业中取得的好消息。学生陈某在田野日记中写道：

> 当然最要感谢的还是在我手机丢失（手机中的访谈录音也因此丢失）之后，还愿意再接受一次访谈的杨叔叔，最近他也终于以有限公司的名义，获取了营业执照。也希望不管是在有机农业的种植和加工，还是在他的家庭层面，他的未来都可以更好。

学生袁某收到她的受访者发来的信息，告知她"已有意识地减少浪费了"，并且肯定了学生在做一项很有意义的事，使正为课题后续进展而烦恼的她重拾动力。学生袁某在田野日记中写道:"囿于资料收集和理论分析的我,快要忘记了做这项研究的初心。刘姐的一番话,仿佛给我注入了一股力量,让我明白这份研究不仅是小组成员的一份作业,不管最终报告如何,已然对参与其中的人们产生了影响。"美国社会学家多伊尔·保罗·约翰逊写道,社会学理论能够帮助人们更好地理解所处的社会世界,因此也使人们更加客观、敏锐和有效地与他人进行交往。[①]

上述内容以"环境社会学"课程为例,探讨了围绕课程作业展开的参与式学习的实践。如同前文谈及的参与式学习的关系性和过程性的特点,将课程作业的设计和指导系统化地纳入课程内容和课时安排,实质上连接了课堂讲授与课外调研、教师教学与学生研究、自主探索与教师辅导、个体努力与群体协作、调查报告与学术论文。这些将不同环节打通的经验,提高了学生的学习能动性。不少学生在本课程作业的基础上,将其发展成校级的学生创新与培训计划(SITP)项目,或是市级、国家级的创新项目。本课程带给学生有关学术研究的规范性和方法论的指导也贯穿在学生总体的学习进程中。

由于课程持续的时间有限,这一指导和互动体系相当紧凑,仍存在一些不足和提升的空间。首先,某些课程作业议题的深度拓展仍有不足。建议教师可以在历年学生课程作业的主题中,选取几个跟进观察,并结合课程中的知识点,形成有关该主题的不同方面的、较为完整的认知。这样既有利于更好地指导学生,也能使教学深入浅出。其次,从对课程作业的共同积累中发展出本课程的教学案

---

① ［美］D.P.约翰逊:《社会学理论》,南开大学社会学系译,北京:国际文化出版公司1988年版。

例,并对整体教学内容的安排进行调整和优化,为编写教材做准备。最后,从课程的田野调查地点中发展出几个常态的学生实践基地和教师参与社会调查和咨询、社会服务的基地,从发现事实迈向进一步参与社会治理。

育 人 实 践 创 新

政治学经典导读与本科生学术问题意识的培养

田 亮

【内容提要】 经典著作阅读对培养大学生的学术品格和问题意识等素养具有无可替代的功能。针对本科生开展的经典导读课程在目标设定、文本选择、教学要求和方案设计等方面有自己的特点。本文通过在教学实践过程中积累的案例,探讨经典著作导读课教学目标、方法、步骤等基本问题。

【关键词】 问题意识 本科生教学 经典导读 教学方法
【作者简介】 田亮,同济大学政治与国际关系学院教授。

专业领域的学术经典阅读是大学生专业训练中不可或缺的重要内容。近年来,我在研究生招生和培养工作中发现,当前本科生对学术经典的阅读时间和阅读量均呈逐年下降趋势。特别是"Z世代"大学生,已经习惯于使用搜索引擎即时获取知识信息,他们在各种网络平台间切换,满足于各种碎片化的浅阅读。从表面上看,他们知识面宽广,而且善于接受新知识和新技能,但细究下来不难发现他们大多思考深度不足。有鉴于此,我们针对本科生开设了一门专业必修课"政治学经典著作导读"以弥补学生专业阅读之欠缺。

相比学术期刊论文,专业经典著作在体量、篇章结构、语言表述等方面都有着显著不同的特点。为此,我们为经典导读课程设定的教学目标是:通过多种方式的阅读和讨论,让学生浸润在与作者超越时空的学术对话场景中,领会、回味、体察学术巨匠在学术情怀、议题设定、结构安排、论证过程、语言表达等方面的魅力,从而在潜移默化的过程中逐步培养专业兴趣,提高专业素养。限于篇幅,本文聚焦于问题意识的培养。

一、问题意识及其层次性

问题意识是科研能力最核心的维度。所谓问题意识至少有四个层面的含义。第一个层面可称为学术使命意识,这是一种"天降大任于斯人""舍我其谁"的责任感和使命感。不可想象,一个仅仅视学术研究工作为一种不得已而为之的苦差事的人,会心甘情愿地选择并从事长年累月的科研工作;只有怀着那种类似于寻求生命意义的献身精神,方能乐此不疲、甘之如饴地在学海畅游,在科研领域耕耘不辍并有所建树。塔尔科特·帕森斯等把建构能解释一切问题的一般性理论和宏大理论作为毕生追求,这从其学术使命的意义上论说的。套用马克斯·韦伯"以政治为志业"的说法,这里所说的学术是与从政、经商相对而言的一种终身事业;而通过阅读经典就能体会到学术巨匠们视学术研究如同生命一样重要的热情、忍耐和坚守。

问题意识的第二个层面是学科意识。当今大学学科一直处在不断分化和整合的过程中,这是一个有生命力的学科发展的常态。对于一名专业大学生来说,在进入一个学科的学习过程中,养成宽广的学科视野对其以后的学术生涯至关重要。例如,在比较政治学研究领域,中国学者和美国学者有诸多显著的差别。关键是所处语境的不同。为何而比较? 学者首先面临的是从本国政治需要出发的问题意识,即他所提出的问题在本国政治学共同体中会产生共鸣。问题意识首先就应体现在研究视角的选择上,不是要问别国面临的政治问题是什么,而是得问自己国家有什么突出的政治问题需要解决? 众所周知,美国的比较政治学研究从其诞生之初就是美国国家国际战略的产物,目的是推广美国政治制度和价值观;因此美国学者在课题选择上,就是要回答如何实现民主,如何维持民主,如何对民主进行调适,如何改善民主,如何应对来自内部和外部对民主的威胁等问题。[①] 但是,对中国学者来说,在比较政治学研究议题的设置上,可能面临着其他的治理问题,因此,他们应该从中国现代国家建设的视角设置议题,在国家建设的大框架下观摩学习学术大师如何开题、破题,是为问题意识的第二个层面。

问题意识的第三个层面是议程设置。对于国家建设和政治建设这类宏观层面的宏大议题,初学者显然难以驾驭。为此,初学者就要学会如何从若干中观层面的议题中选择适合自己的研究议题,比如:国家建设领域的国家认同、政治认同、权力渗透、政治参与和社会正义五大方面的议题;政治建设领域中的执政党本身的建设和党政关系问题。这就是杨光斌教授所谓的政治学重大问题。[②] 在国家建设语境下,主要研究议程包括但不限于国家理论本身、国家与社会关系、中央与地方关系,等等。就国家理论而言,比如什么样

① 戴维·E.阿普特:《比较政治学:旧与新》,载[美] 罗伯特·古丁、汉斯-迪特尔·克林格曼主编:《政治科学新手册》(上册),钟开斌、王洛忠、任丙强等译,北京:生活·读书·新知三联书店 2006 年版,第 526—527 页。
② 杨光斌:《比较政治学:理论与方法》,北京:北京大学出版社 2016 年版,第 13 页。

的国家形态有利于转型国家,是自主性国家还是工具主义国家? 在国家与社会关系问题上,政党、不同层级的政府与社会是什么样的关系? 在中央-地方关系上,经济改革带来的市场化体制对传统的单一制国家结构和国家结构理论本身有什么样的影响? 等等。

第四个层面是作为一篇学术论文能处理的微观课题。在专业化日益精进的背景下,上述所谓"中观"议题,足以成为一个研究领域,一个学者非经数年浸润难入其门径。因此,对于年轻学子来说,这些命题仍然过于宏阔,需要进一步缩小问题的边界,以便能在有限的篇幅里予以处理。

以上四个层面的问题意识的培养目标,都可以在研读、观摩、模仿经典著作的过程中得以实现。

二、经典阅读是问题意识培养的重要路径

经典阅读是问题意识的重要思想源泉。那些被称作经典的文本,无不具有独特的理论创新,在学术发展长河中具有持久的影响力;或者在学术范式上具有一定的典范性,同时在特定学术领域具有一定的辐射性。从学科发展史角度看,经典著作提出的问题有其复杂和深刻的纵向背景,一方面来自学科内在的理论逻辑,另一方面源自现实发展情况。从某种意义上说,经典文献之所以被称为经典文献,很大程度上就是其在纵深维度上建构起了关于特定学术问题的意义脉络体系,对特定问题的发展轨迹做了精细、系统的辨析和梳理。大学生只有在大量经典阅读的实践中,不断积累问题素材,不断培养问题发现能力,才能逐渐培养起相应的问题意识。

第一,通过经典阅读,学生能够感受经典文本捕捉问题的方式。

大凡经典文本,都有具体明确的研究对象,并且这个研究对象具有相对明晰的边界,这也是经典之所以成为经典的原因之一。大学生面对丰富多彩的社会现实和繁复庞大的理论体系,往往有束手无策、难以找到自己的研究领域和研究对象的困惑。特别是在进行学位论文选题时,若无导师的耳提面命,学生则往往无从下手,难以准确界定研究目标。化解这种困惑的有效方式之一,就是反复地研读经典文本,在阅读过程中,逐渐体会和把握经典文本的问题选取方式,思考经典文本是如何从社会现实中发现理论诉求,如何在既有学术史脉络中捕捉可能的创新点,又是如何厘定所选议题的边界,进而找到适宜的切入角度而展开科学研究的,等等。在反复阅读、观摩、思考的过程中,学生的科学思维能力得到不断的启发和训练,再辅之以论文写作指导,他们的文献阅读能力、概念化思维能力、逻辑思维能力等科研能力会逐步得到提高。例如,《新教伦理与资本主义精神》堪称比较政治社会学研究的经典,作者从人们习以为常的社会现象中发现了一个重大议题,即基督新教伦理与资本主义精神的关系为何? 这种令人困惑的现象就是,在欧洲许多地区,新教徒在职业选择、资本利得上与天主教徒有着明显的统计学意义上的差异,背后的因果关系究竟是怎样的?① 由此,作者进行了卓有成效的研究,获得了令人信服的解答,并因此开创了宗教社会学学科。这种来自与社会生活现象的观察是研究者发现学术问题的源头,学生在阅读过程中得到的思想启发是不言而喻的。

第二,通过经典阅读领略学术巨匠开拓新领域的勇气。经典之所以成为经典,就是因为它们往往在议题、范式、方法等方面有着划

---

① 〔德〕马克斯·韦伯:《新教伦理与资本主义精神》,康乐、简惠美译,桂林:广西师范大学出版社 2010 年版,第 9—11 页。

时代的突破。例如,西达·斯考切波的《国家与革命》就在比较政治学科发展史中居于无可替代的"高峰"地位,一个重要原因就在于她在该著中提出了一个关键概念——"国家自主性",随后主导了政治学"重回国家"的学术潮流,并因此使该著成为比较政治学研究必读的重要著作。

第三,通过经典阅读来体会经典文本对问题的表达方式。面对一个具体问题,该如何展开论述和言说？如何在特定的结构框架和特定的视野中将问题阐述清楚？如何将特定问题在其学术史整体发展脉络中阐发出新的意义？这是经典文本呈现出来的基本特质。大学生阅读经典文本,就是要进入经典文本的内部结构,体会文本对问题的表达方式,理解切入问题的方法和思路。阅读经典时要带着问题去阅读,一是思考作者探讨了什么问题以及这个问题有多重要,二是重点学习作者分析和解决问题的思路和方法,三是看作者还提出了哪些有价值、有意义的问题。例如罗伯特·帕特南的《使民主运转起来：现代意大利的公民传统》就在逻辑框架和语言表述上极具特色,特别适合初学者观摩。全书除了介绍制度研究有关文献的第一章导论外,每一章都是以一个问题开始,以另一个问题告终。比如,第二章开篇即问："正式的制度变革是怎样导致政治行为发生变化的,地区的新制度是如何影响当地的政治实践的？"回答了上述问题后,继之以一个新问题："各个地区的制度绩效究竟如何,应该用什么标准来衡量这些绩效？"第三章的目标就是回答上述问题。"不同地区的稳定性和效率如何？在法律方面的创新精神如何？在保健、住房、工业和农业发展等领域的成果如何？"各个章节好比剥笋,掰开层层包衣,嫩笋得以逐步呈现,读者的思绪便自然而然地被带进作者设定的逻辑链条之中,掩卷沉思,似有所得。

三、通过经典导读培养本科生问题意识的路径

作为一门课程,经典导读首先面对的是如何筛选书单的问题。单就政治学科而言,各个高校开列的所谓"必读书目"少者50—60本,多者达100本以上。因此,在课堂教学时间有限的条件下,如何在海量文本优中选优,是我们在课程大纲设计中要首先面对的问题。

对此,我们有如下几点体会。第一,主要从现当代学术经典著作中挑选文本。这是因为,一方面要考虑与其他课程搭配,各课程之间既要相互支撑,又要尽量避免书目重叠;另一方面,相比较那些古典或近代学术经典来说,现代、当代经典在议程设置、表述方式和学术规范等方面都更切近学生,更容易引起共鸣或参照。第二,书目选择还要考虑书籍的易获得性,有些著作固然内容不错,但坊间已无处可寻。第三,卷帙过于浩繁的不选,如芬尼的《统治史》、迈克尔·曼的《社会权力的来源》固然值得研读,却不太适合拿来作为导读课的书目。第四,还要考虑本科生的理解和接受的状况,过于艰深的不选。此外,书单的挑选,要综合考虑多方面的因素,从本科阶段的多重培养目标出发,尽可能地让学生多维度地领略学术经典的魅力。

在教学过程中,我们认为,本科生经典导读课的目标定位要适应本科生的接受程度,切不可一味地拔高要求,以免挫伤大学生研读经典的积极性。因此,首要的问题是要处理好准确把握原著精髓和批判性反思的关系。前者为基本要求,后者则是对学有余力者的较高要求。

经典阅读的特殊价值在于理解经典文本深厚的内涵意蕴。围绕特定问题,经典文本所建构起的特定文本结构以及特定的理论意

涵,都值得细细琢磨和消化。读者进行经典阅读,就是走进这种敞开的结构,感受和理解其特定的理论力量和意蕴。诚然,阅读经典是一个从理解到质疑的过程。对本科生来说,我们特别强调,理解是质疑的基础和前提。准确地理解原著,是操练提出问题、分析问题能力,培养批判性思维的前提。为此,提醒学生在阅读原著之前先不要看别人写的书评,而应直接阅读原著,力图把握原著的核心观点、体会原著的论证过程之后再参考有关评论。换言之,准确理解作者的论证思路是关键。

为此,我在教学实践中总结出如下几个基本步骤。

第一步,通读略读,以了解该书之所以成为经典的缘由。先浏览目录、序言或导论部分,然后逐章略读。以巴林顿·摩尔的《专制与民主的社会起源》一书为例。该著中的分析体现出一个显著特征,正如爱德华·弗里德曼和詹姆斯·斯科特在“导言”中指出的:“他反复推敲各种证据,使读者能够准确地把握作者本人对各种结论的自信程度。他将自己论证过程中出现的不整齐的边沿、沟壑和跳脱,都呈现给了读者。”[1]摩尔在书中提出了通向现代政治社会的三条道路理论,即英国-美国的自由民主道路、德国-日本的法西斯道路和俄国-中国的农民革命道路。摩尔基于阶级结构尤其是对地主阶级和农民阶级的商业化程度分析而提出的现代化理论,既根本性地改变了西方思想关于政治革命的认识,也为我们认识现代化的道路提供了一个相对清晰的图景。[2]

同样,亨廷顿的《变化社会中的政治秩序》则挑战了经典现代化理论中若干具有现代性的“好东西”倾向一同出现的论断,认为正面

---

[1] ［美］巴林顿·摩尔:《专制与民主的社会起源》,王茁、顾洁译,上海:上海译文出版社 2012 年版,“导言”第 8 页。

[2] 杨光斌:《比较政治学:理论和方法》,北京:北京大学出版社 2016 年版,第 95 页。

的结果和负面的结果并存更为常见。亨廷顿认为,政治秩序是个好东西,没有政治秩序,经济和社会的发展便不能成功进行;现代化的不同组成部分必须依次进行,过早扩展政治参与会动摇脆弱的政治体制。这样,亨廷顿为后来被称作"权威主义转型"的发展战略奠定了基础。正如福山指出的那样,《变化社会中的政治秩序》最终使现代化理论寿终正寝,亨廷顿的论断被证明是对的。《变化社会中的政治秩序》把政治衰朽作为一个专门研究对象,显然有先见之明。①

第二步,重点章节精读,要反复读若干遍,力求领会原作者的问题意识、分析框架和基本观点。我们要求学生在阅读的过程中,要反复问自己几个问题:作者在本章所要回答的问题是什么? 作者是如何论证的? 问题有几个层次? 作者在本章的核心观点是什么? 这个核心观点又包含哪几个分论点? 支撑作者各个分论点的论据又是什么? 他的论据来源是怎样的? 在阅读的过程中试着画出思维导图,以厘清线索,从而加深理解。

如罗伯特·帕特南的《使民主运转起来:现代意大利的公民传统》是其通过长达数十年的观察才造就的学术名著。单单是如此漫长的研究历程就足以震撼年轻的学子。另外,该书结构的安排、环环相扣的表述都令读者手不释卷,印象深刻。该书的核心问题是:为什么有些民主政府获得了成功而有些却失败了? 作者撰写该书的目的是:"要增进我们对民主制度之绩效的理解。正规制度怎样影响政治和政府的运行? 如果我们改变制度,政治和政府的运行会跟着发生改变吗? 一个制度的绩效是否取决于它的社会、经济和文化背景? 如果我们在新的环境下引进民主制度,它会像在旧的环境

---

① 参见弗朗西斯福山为该书所作的"序言",[美] 塞缪尔·P.亨廷顿:《变化社会中的政治秩序》,王冠华、刘为译,上海:上海人民出版社 2015 年版。

下一样成长吗？或者,民主的质量取决于公民的素质,从而每一个群体只能拥有与其相配的政府？我们的目标是理论。我们的方法是实证,即对过去 20 年意大利各地区所作的制度改革实验进行总结,从而得出启示。"[1]

第三步,作者在方法论的贡献为何？有的作品是因为作者用一种几乎全新的理论视角或方法,对之前主流的研究范式进行了革命性的颠覆,从而在学术上作出了划时代的贡献。对于这类经典,就要特别关注其在方法论上的突破。例如,本尼迪克特·安德森的《想象的共同体:民族主义的起源与散布》是民族主义研究的经典之作。该书从文化和情感的角度出发探讨了民族主义在全世界范围兴起的历史条件和具体过程,民族和民族主义作为一种文化的人造物,是一个被想象成享有主权且边界有限的共同体。在书中,安德森绕开对民族主义"客观特征"的无果追寻,一改学术界对民族主义工具性的片面理解,极富创见地讨论了民族主义背后的情感和文化因素,指出民族主义作为一种现代的集体认同所具备的历史必然性和强大的政治动员性。安德森的学术研究既跨学科又跨地域,他对民族主义形成的历史条件之卓越判断、对其文化意义和政治影响之深刻分析以及对其所蕴含的强烈情感的理性批判,刷新了整个现代社会科学界对民族主义的理解和运用。

同样,阿尔蒙德和维巴的《公民文化——五个国家的政治态度与民主制度》则开创了政治文化实证研究的新领域,它所提出的理论视角和方法途径都已深深地影响和启发了几代从事政治文化研究的学人。阿尔蒙德在书中提出了公民文化理论的核心议题:为

---

[1] [美]罗伯特·D.帕特南:《使民主运转起来:现代意大利的公民传统》,王列等译,北京:中国人民大学出版社 2015 年版,第 1—2 页。

什么有的民主体制比其他民主体制更有效？什么样的政治文化更有利于民主政治体制的稳定？其基本假设是政治偏好和认知倾向决定人们的政治行为，进而影响政治结构的稳定和变化。该书的学术贡献是将许多新学科成果，如公共舆论研究、宏观社会学理论、心理人类学等，融合到政治文化研究中，尤其是抽样调查方法影响深远。

斯考切波的《国家与社会革命：对法国、俄国和中国的比较分析》在研究对象、研究方法和研究结论上都特别引人注目。该书批判了 20 世纪 70 年代前的革命研究三种途径：聚合-心理学理论、系统-价值共识理论和政治-冲突理论，认为三种理论的共同缺陷在于解释革命的产生和发展时，把革命的出现归结为某个单方面的原因，尤其是归结为革命性情绪的传播、相对剥夺感的产生和扩展或价值失范的大面积出现，而忽视了导致革命生发的一系列结构性条件，同时也带有很强的唯意志论和目的论色彩。作者认为，结构性视角、国际与世界历史的背景、国家的潜在自主性和比较-历史分析的方法，是该书的四大特色所在。[1]

杜赞奇的《文化、权力与国家——1900—1942 年的华北农村》则提出了"国家政权建设"和"权力的文化网络"两个中心概念，超越了现代化理论对中国的解释。该书从历史和社会学角度将对 20 世纪前半期村庄领导层地位的变化进行深入的分析。经济的现代化、民族的统一和国家政权建设是摆在新政权面前的重要问题。[2] 该书旨在探讨中国国家政权与乡村社会之间的互动关系，比如旧的封

---

[1] 参见［美］西达·斯考切波：《国家与社会革命：对法国、俄国和中国的比较分析》，何俊志、王学东译，上海：上海世纪出版集团 2015 年版，"译者序"第 8 页。

[2] ［美］杜赞奇：《文化、权力与国家——1900—1942 年的华北农村》，王福明译，南京：江苏人民出版社 1994 年版，第 3 页。

建帝国的权力和法令是如何行之于乡村的？它们与地方组织和领袖是怎样的关系？国家权力的扩张是如何改造乡村旧有领导机构以建立新型领导层并推行新的政策的？

第四步，就经典文献提出的学科问题进行批判性反思。文献在该领域做出了哪些方面的独特贡献？有什么局限性？

比如巴林顿·摩尔在《专制与民主的社会起源》中提出：为什么一些国家资本主义民主化了，而另一些国家转向了法西斯主义，还有一些建立了社会主义政权？摩尔认为，经过一系列革命之后，英国、法国和美国实现了资本主义和民主，因此这些革命属于资产阶级革命，因为一个独立且充分活力的城镇居民阶层始终是议会民主成长过程中不可或缺的要素。摩尔清楚地指出："没有资产阶级，就没有民主。"相比之下，摩尔在德国和日本看到了没有民主的资本主义的发展，而这些国家未经"革命洗礼"的经济现代化最终导向了"法西斯主义"。这些国家与英国、法国和美国的情况不同，现代化是在一个强大的"上层地主阶级"主导下实现的。虽然摩尔把这种模式称为"自上而下的革命"，但他又明确指出这是没有革命行动的革命，即现代化是在没有"大众革命行动"的情况下发生的。被摩尔归为这一类别的，就是史蒂文·平卡斯所说的没有引致革命的国家现代化。最后是发生在中国和俄国的社会主义革命，"其主要的但并非唯一的原因是农民"。[①]

该著发表后引发学术界强烈而持久的反响，其中也不乏对摩尔的质疑。比如，质疑者发现：（1）强大的资产阶级并不必然创生议会制民主。紧随法国革命和英国内战之后的阶段很难被称为民主

---

① ［美］罗伯特·E.戈定主编：《牛津比较政治学手册》（上），唐士其等译，北京：人民出版社2016年版，第407页。

时期。（2）国家自上而下的改革也不必然导致法西斯主义。典型的例子是丹麦和瑞典，两国都是在专制君主的领导下实现了国家的现代化，它们是民主国家。也有的学者进一步改进了摩尔提问题的方式，或者对摩尔的问题提出了另外一种视角的解释。[①]

斯考切波在她的书中首先提出了著名的"国家自主性"概念。"回归国家学派"强调不能把国家简单地看成利益竞争的公共舞台、竞争性力量的裁判或支配阶级的工具，国家具有追求自己的偏好和利益的性质，它能够在一定程度上依照自己的偏好、按照自己的行为方式来贯彻自己的意志。这些研究的一个共同特点是，强调国家及其官员在推动社会经济现代化过程中的重要作用。正如作者序中所指出的，有些著作为老问题提出新证据；另外一些著作则提出新观点，并激发读者用新视角去看待老问题。该书属于后一种类型。该书提供了一种分析现代世界历史上所发生的社会革命转型的参照性框架，并且运用了比较-历史方法，力图对1787—1800年的法国革命、1917—1921年的俄国革命和1911—1949年的中国新民主主义革命的原因及后果作出解释。[②]

安德森之所以要写《想象的共同体：民族主义的起源与散布》，是因为他发现民族主义时代远未终结，民族主义已经而且将继续对现代世界产生巨大的影响；然而，与此事实形成鲜明对比的是，具有说服力的民族主义理论却屈指可数。因此，他尝试对民族主义这个"异常现象"提出一个比较令人满意的诠释。

在《新教伦理与资本主义精神》中，新教与资本主义存在相关性这一点并不是马克斯·韦伯的新发现，他的"新"就体现在着眼点

---

① 参见上书，第409页。
② ［美］西达·斯考切波：《国家与社会革命：对法国、俄国和中国的比较分析》，何俊志、王学东译，上海：上海世纪出版集团2015年版，"序言"。

上。新教是一种尘世禁欲主义,为什么一种禁欲主义宗教会在现实世界中成功?为什么它会成为资本主义世界的支柱?韦伯说资本主义是在新教中发展起来的,那么资本主义精神到底在新教里找到了怎样一个动力和依据呢?韦伯的出发点是,迷信和宗教的力量,或者基于这些力量所产生的伦理观念通过内在的世俗禁欲主义来催生资本主义精神。加尔文主义者认为,工作是一种天命,是服务上帝的一种行为。工作既是手段又是目标。加尔文的假定是一种宿命论,那就是只有很少一部分人能够得到永生,没有人能够逃避他们自己的命运,并且也没有人知道他们是否能够被上帝拣选,从而得到永生。对于个人来说,这种困境只有通过加尔文所强调的努力工作、自律和谦逊来解决。一个人只有过禁欲的生活,才能服务于上帝的旨意,并且每个人都可以姑且认为自己是上帝的选民。加尔文主义教徒发誓要远离尘世的快乐,生活俭朴,不铺张浪费。伴随为实现上帝的荣耀而进行的种种努力,这种节俭的结果是资本的不断积累。韦伯不是把他研究对象的道德行为放在一个因果假设中,而是把它放置在一个目的手段的假设中,试图用解析的方式去读懂他们的行为。在其理论中,他尽力去解释为什么新教徒认为工作既是目的又是手段。这种研究态度有别于那种纯粹的因果解释。行为人宣称的行为动机没有必要和研究者所看到的促使行为的原因一致。

在教学过程中,我们采用了个人阅读和小组讨论相结合的方式。要求学生组成阅读小组分工合作,制作电子幻灯片(PPT)汇报,呈现思维导图,并设计问题,与其他同学互动、辩难。在这个过程中,学生的学习积极性被充分调动起来。小组分享后,要求学生提交读书笔记,老师点评。通过一个学期的深度的经典研读,结合其他课程的研修,学生设定范围明确的议题、概括问题的清晰内涵、选择切入议题的视角和理论工具等能力突飞猛进，从而为他们进一步深造打下了坚实的基础。

四、结语

学术经典著作是经过学术共同体反复审视、历经时间长河的淘洗而留存下来的作品，有着超越时空的生命力。经典提出的议题、使用的方法、得出的具体结论或许早已被学术共同体扬弃，但它们呈现的思想魅力却一再吸引着一代又一代读者为之着迷。研读经典对大学生专业素质的培养是其他教学形式无法取代的，我们仅仅是在学术界同仁的启发下做了一些探索工作，在导读过程中师生互动，教学相长，随着一轮又一轮的教学展开，方法持续优化，但仍有不少提升空间，这里仅仅是抛砖引玉，期待来自同道的批评。

城市住区更新中的社会调查与人才培养

张 俊

【内容提要】 城市住区更新是中国城市面临的一项重要任务。城市住区更新不仅是物质空间的更新,也是社会关系的更新,由于涉及的人员多、领域多、矛盾多,住区更新急需各专业协同和综合治理。社会调查是了解更新中的民情、民心、民意的重要手段,也是学生学习社会科学知识的重要途径。但现有的教学方式多注重理论的讲解,学生的知识多是从书本中来,回到文章中去。学生往往学了不少理论,但普遍缺乏了解现实、培训技能、反馈学习、验证理论的途径,由此造成学生对所学知识缺乏深入了解和自信。通过在更新社区中开展社会调查,可以让学生在社区中体验式学习、参与式学习、沟通式学习,使学生在社区场景中形成尊重历史、关照现实、理解分歧、贴近民心的能力,鼓励学生扎根中国大地,成为有人文社会关怀的爱国知识分子。

【关键词】 住区更新 社会调查 人才培养 体验式学习 参与式学习

【作者简介】 张俊,同济大学政治与国际关系学院副教授。

目前在中国的大学学习城市社会学课程的大学生的年龄在 20 岁左右,他们成长在中国城市化的高速发展时期,每位学生对城市发展、城市变化都有一定的切身体会,这是城市社会学教学的一个好的背景。但同时需要看到的是,从中学升到大学的学生,他们的学习方式还在转化。既有的应试教育学习方式的约束放松了,新的学习方式正在培养。如何在教学中激发学生对知识的热情,激发学生对学术的追求,如何培养学生脚踏实地、关心民生的社会责任感,都是教学的重要任务。以下通过同济大学城市社会学课程中的教学实践来探讨教学中学习方式的转化以及人才的培养。

一、城市社会学课程教学的问题

(一)理论来自西方和历史

1892 年芝加哥大学设立了社会学系,这是世界上第一个社会学系,以城市社会学为重点方向,一直到 20 世纪三四十年代都是全世界社会学和城市社会学的重镇,集聚了斯莫尔、米德、托马斯、帕克、伯吉斯、麦肯齐、法里斯、奥格本和沃斯等一大批著名的社会学家,形成了社会学发展史上重要的科学共同体——芝加哥学派。芝加哥学派以芝加哥作为美国社会学的天然试验场,将理论运用于城市社会问题的研究。芝加哥学派奠定了城市社会学的基础,其经典的研究成果仍然是今天城市社会学教材中必不可少的组成部分。

此后,在 20 世纪 60 年代,城市社会学理论有一次大的转向,面对欧美城市中日益增长的冲突和不平等,一些学者将马克思的理论运用于城市研究,将城市置于资本主义的生产体系中考量,涌现了列斐伏尔、哈维、卡斯特尔等一批理论家,他们的理论被称为新马克思主义城市理论。新马克思主义城市理论在批判和反思上有所建树,但在实际的调查和观察上,芝加哥学派的理论和方法在城市研究中仍然有持续的生命力。在欧美的城市社会学教材中,芝加哥学派、新城市社会学等都是教材的主干内容,教材的框架比较稳定,教材间的同一性也比较强。目前,城市社会学的主要理论来自欧美,以欧美各国城市实践为基础,这是城市社会学理论的现状。

(二)教学中的空间和历史距离

社会科学的教学不同于自然科学。社会科学的理论知识来源于对一定空间、一定时间内社会现象的观察和提炼,学习的过程就是去看理论和事实间的关系。离开对一定的客观事实的了解,对理论的理解也会是肤浅的,也就是说,不知道理论产生的背景面对的实际问题的影响,光知道理论的逻辑推演和体系,这样的理论学习是不深入的,也无法去深入了解今天中国的城市现象。

今天的中国城市面临很多实践的问题,迫切地需要有所决策,有所行动。随着社区变得越来越多样化,如何保证不同背景的居民拥有高质量的生活,促进平等和社会正义,仍然是普遍认同的核心价值。在城市发展中,一些居住社区逐渐老旧,如何处理这些老旧社区,西方有很多的理论,比如绅士化、可持续性更新、文化导向的更新等。但这些理论都是基于西方的历史与经验,而在介绍这些经验时,缺少非常详细的案例,使教师难以从历史、文化、政策、运作等多方面来深入讲解。如果只从抽象的结论来学习,无法真正了解城市研究和问题的复杂性。城市空间问题的解决需要跨学科的协作,这一方面有助于开发各种可能的解决方案,另一方面也有助于在多个可能的方案中选择最佳方案。但是仅通过课堂的理论学习,学生对跨学科、多领域协作的理解还是停留在书面。学生对现实的更新方案进行评判时，会问一些基本的问题：这些计划有效吗？它们对社会有意义吗？计划是否在技术、财务、政治上可行？它们会真正解决眼前的问题吗？而对这些经验的积累，只依靠西方的理论，就难免隔靴搔痒。

（三）学生学习中的问题

学生在学校中学习，一方面出于对理论和学术的追求，另一方面，也有处理问题实践能力增长的需求。在城市研究和实践中，城市社会学的理论主要来自西方，而中国的历史、文化、实践与西方理论有很大的差距，西方理论给我们提供的主要是概念框架和思路，而如何在中国的城市实践中观察理论、运用理论、发展理论，正是学术追求的方向。如果学生有这样的学术追求，就需要到城市中去、到社区去。在利益日益多元的中国城市社会，推出的规划和政策面对更多的不确定性。如何应对城市中的不确定性？如何让学生了解和提升自己对城市复杂性、不确定性的认识？一些研究指出，需要变革性的"冒险式"教学法，使学生面临困境和不确定性。就是要支持学生应对不确定性，并为多元社会中不可预知的未来做规划。对城市问题的复杂性加深了解可能是重中之重。随着我们知识的增长，不确定性也在增长。在（超级）复杂世界中，无法完全凭借既有知识或技能来解决问题。相反，规划人员实际上需要学习在不确定的情况下工作，并使用不完整的数据和证据或大量相互矛盾的数据来作出决策。

学生无法穷尽所有方面的知识，当他们进入实践，面对复杂性时，需要通过跨边界、跨行业协作创建新知识，从而解决复杂问题，这就要求学生明确不同行业知识点之间的差异，并具备"在多种情况下胜任工作的能力"即跨界能力,以便实现跨社会边界管理,切换和整合多种话语和实践。[①] 研究者的开放性、灵活性、适应性以及跨界能力可以帮助个人在复杂的环境中蓬勃发展。这些能力的培养需要学生进入实践,面对不确定性的压力时自行累积,课堂难以提供相匹配的训练强度。

二、城市社会学教学改革的经验

(一) 体验式学习

体验式学习是一种以学生为中心,基于过程的活动,学生在学习或体验的过程中变得活跃。这种学习方式的重点是对问题和潜在解决方案的概念性理解,而不是死记硬背。体验式学习模式可以促进批判性思维,提升探究和解决问题的能力。通过基于项目的练习,随着学生体验现实世界的活动不断深化,学习效果将进一步增强。[②]

体验式学习涉及在真实的或模拟的现实场景中开展主动和有目的的活动,学生可以借此机会构建和规范自己的专业学习。体验式学习方法可以使学生在理论和"现实世界"之间建立联系,从而激发他们的学习动力、学术和专业效能以及学习的保持力。此外,学生可以深入了解潜在的职业或与未来的同事建立联系,发展成功的

---

① Rooij, R. & Frank, A.I., "Educating Spatial Planners for the Age of Co-Creation: The Need to Risk Community, Science and Practice Involvement in Planning Programmes and Curricula", *Planning*, *Practice & Research*, Vol.31, No.5, 2016, pp.473 – 485.

② Ives-Dewey, D., "Teaching Experiential Learning in Geography: Lessons from Planning", *Journal of Geography* (Houston), Vol.107, No.4 – 5, 2009, pp.167 – 174.

职业关系,提高就业能力,并培养社会意识。学生通过与工作场所中的人进行广泛互动、完成任务从而学习发展的知识和技能,例如沟通、演讲、独立学习、与他人合作和解决问题的能力。① 在对社区规划人员调研时,受访人员认为"社区规划者的知识很大程度上来自边做边学"。"边做边学可以通过'做'使学习变得积极、真实和有意义,从而增加生动性、直觉性、相关性和动机来丰富学习的有效性。"②

吉布斯认为,体验式学习需要学习者积极探索经验和反思。学习者必须致力于探索和学习的过程,而老师必须提供一定程度的独立性。艾夫斯杜威确定了结构良好的体验式教育课程的三个基本要素,包括学生指导、与现实世界的联系和批判性反思的机会。③ 开展体验式教育的教师需要灵活应对每种体验式学习情况下出现的不可预测的问题,并且他们需要确保外部合作伙伴了解他们的角色,并保证合作伙伴在每种体验式学习程序的演示或评估中得到指导。如果学生要想深度学习(反思过去几年学到的理论概念),教师还需要设计适当的评估任务和评估标准。④

(二) 参与式学习

城市的发展、规划和更新过程中充满了冲突,城市社会学的教

---

① ④　Rosier, J. et al, "The Benefits of Embedding Experiential Learning in The Education of Planners", *Planning, Practice & Research*, Vol. 31, No. 5, 2016, pp. 486 – 499.

②　Schretzenmayr, M. & Casaulta-Meyer, S., "Learning through Communicating with the Public", *Planning, Practice & Research*, Vol. 31, No. 5, 2016, pp. 552 – 567.

③　Ives-Dewey, D., "Teaching Experiential Learning in Geography: Lessons from Planning", *Journal of Geography* (*Houston*), Vol. 107, No. 4 – 5, 2009, pp. 167 – 174.

育过程中,参与式规划和沟通技巧的培训也是至关重要的问题。托马斯·科本将城市更新、城市规划中的冲突分为:(1)经验和事实问题(即知识)的争议引起的知觉冲突;(2)利益分配引起的冲突,其中包括稀缺商品的分配冲突;(3)涉及伦理、权利、身份、道德和世界观的价值冲突。价值冲突通常源于构成"美好生活"或"场所质量"的不同假设。不同类型的冲突的解决可能性也有所不同:利益冲突可通过谈判和交易解决,而价值冲突大多具有更不可谈判的特征。人们通常愿意为目标和利益进行交易,但不愿意对根深蒂固的价值观和世界观差异进行妥协。①

城市规划是政治过程的一部分,本身就是政治。在西欧国家,公众参与已在规划立法和城市治理过程中制度化。参与式规划的主要目的是克服将公民的角色降低为客户的角色,从而实现公民参与。参与不仅改善了决策过程,而且改善了生活空间的质量。约翰·弗里德曼等人指出,参与的价值在于将知识与行动形式重新联系在一起,这些行动形式牢固地植根于一个良好社会的理想之中,该理想社会提供了一个参考框架,以定义替代性的发展模式,从而提高人们的素质。这意味着参与过程中所有参与者所拥有的知识不仅是重要和必不可少的,而且还具有价值。在参与式规划过程或非参与式规划过程中发生的许多冲突(例如,最终由于公民或社会组织阻碍了拟议规划的实施),都是由于听取和拒绝意见而引起的。②

城市发展过程中的冲突是真实存在的,公众参与是处理城市复杂问题的重要途径,学生参与其中,能深刻体会到各利益相关方的情绪和诉求,为客观分析和应对提供基础。

---

①②　Schretzenmayr, M. & Casaulta-Meyer, S., "Learning through Communicating with the Public", *Planning*, *Practice & Research*, Vol. 31, No. 5, 2016, pp. 552 - 567.

（三）沟通式学习

学生在参与城市社区规划的过程中会与各种行为者接触，他们可能属于完全不同的目标群体，其中包括来自多个学科的规划专家、官员、利益相关者（例如业务代表、开发商、社区团体或居民）。①这就要求学生学会与不同群体沟通的策略和方式，以及掌握如何在与各群体的沟通中获得有效的信息。比如在学生进入城市社区与居民沟通时，可以深刻地体会到各方参与者的情绪，比如愤怒、无奈等。学生要学会倾听，"与愤怒进行对话的第一个挑战是学习如何倾听愤怒的人在说什么，以便学会如何回应信息而不是信息的表达方式……如果我们要认真对待愤怒，我们必须学会倾听愤怒的话的意思"。"听、听，再听一次"，必须采取积极的行动来理解对手的观点、价值观和目标。开放地倾听和理解他人的态度，欣赏对方的知识，能为接受与规划项目相关的变更铺平道路。②

社区居民往往有对自身问题倾诉的需求，学生如果能够做一个好的倾听者，不但能够舒缓居民的情绪，还能得到居民的帮助。倾听与共情需要在实践中得到锻炼。

三、城市住区更新对社会调查的需求

（一）城市住区更新的历史发展

城市更新是城市发展到一定阶段需要持续完成的任务，人们认

①② Schretzenmayr, M. & Casaulta-Meyer, S., "Learning through Communicating with the Public", *Planning, Practice & Research*, Vol. 31, No. 5, 2016, pp. 552 – 567.

为城市更新很重要。首先,状况恶化的建筑物需要升级。其次,有助于保留历史建筑。再次,有助于通过改善城市布局、开放空间、道路网络和其他基础设施来重塑城市。城市更新在西方大致分为三个阶段。第一个阶段,推土机时代。在推土机夷平的贫民窟上建造了由混凝土、钢材和玻璃制成的豪华项目,遵循物质空间决定论并体现了对建筑环境的重视。第二个阶段,社区康复时代。强调社会问题的综合解决方法,与现有环境中的现有人口合作,既不拆除建筑物,也不疏散居民,不将弱势人口替换为更强大的人口。第三个阶段,经济振兴时代。在市中心用一种强调经济发展的做法进行更新。

从历史上看,许多城市更新计划都采取了高档化的形式。这种"自上而下"的更新方法基于这样一个前提,即可以通过在现有社区引入和整合更多富裕的居民来发展和增强处境不利的地区。这种方法所期望的效果是,一旦富裕居民融入一个地区,他们的文化和财富将"滴灌"给穷人。通过市场力量改善当地设施来实现这种高档化,从而使该地区对中等收入群体更具吸引力。然而,这种涓滴效应的效果一直存在争议,即这一效应在经济改善和可持续性方面的作用备受质疑。[①] 与之相对的是更具社区包容性的"自下而上"的更新方法。这些方法承认社区在城市发展中的作用,旨在使现有社区成员积极参与决策过程。比如以"文化主导"的更新方法试图通过文化项目吸引居民进入。[②]

(二) 城市住区更新中的多重矛盾

城市住区更新是对既有空间关系、利益关系、社会关系的调整,

---

①② Heath. S.C. et al, "Putting Identity into the Community: Exploring the Social Dynamics of Urban Regeneration", *European Journal of Social Psychology*, Vol.47, No.7, 2017, pp.855 – 866.

在调整中面临的问题如下。

（1）如何保护历史文化遗产。城市的记忆需要物质空间载体，但是任何物质空间都有一定的使用寿命，当物质空间已经不能满足使用要求时，一定的更新是必要的，但如何更新，则是充满了矛盾和争论。对于强调原真性的人来说，认为一定要修旧如旧，不能有任意的改动。对于强调实用性的人来说，认为只要保持建筑空间的外貌就可以，里面可以根据需要大胆更改。这就涉及何为历史、何为文化、何为记忆。怎么样才算保护了历史文化遗产。其中既包含价值争议，也包含利益争议。居住在历史保护建筑中的人往往觉得居住环境的改善更重要，而并不居住在保护建筑中的专家、学者、政府官员等人则认为历史文化遗产的保护更重要。

（2）城市住区更新中的高档化。待更新的城市住区虽然建筑的物质空间已经老旧，但是其空间区位却非常优良。以提升土地价值的名义将中等收入群体引入中心城区的老旧社区，建设高档设施的市场化方法，虽然使空间环境品质得到提升，历史文化遗产得到保护，但原先居住在中心老旧社区的居民却不得不搬迁，这势必引起原居民的不满，也容易引发原居民与新居民间的矛盾和冲突。

（3）城市住区更新中的不平等。城市住区更新政策的差异引发居民的不公平感。城市住区更新会采用不同的更新方式，一些老旧住区会被拆除，另外一些则被保护起来，居民会认为不同的更新方式造成事实上的不公平。同时，更新对不同住户的损益也是不一样的，居民也会有不公平、不平等的感受。

（三）社会调查——了解住区更新本地知识的途径

本地知识通常由社区成员拥有，这些社区可以在地理上定位，也可以与特定标识组关联。这意味着"本地知识"可能来自具有共同文化、符号、语言、宗教、规范甚至兴趣的团体或社区。相反,专业知识通常由专业、学科、大学、政府机构或行业协会的成员持有。本地知识部分来自实际的视觉、嗅觉和品位,以及日常生活中遇到的触觉和情感体验,通常在公共叙事、社区故事、街头剧院和其他公共论坛中得到测试。相反,专业知识通常通过同行、法院或媒体进行测试。[1]

本地知识至少以四种不同方式对社区规划做出了贡献。(1)认识论:本地知识通过纠正专业视野和政策的还原论倾向做出了贡献。(2)程序民主:地方知识贡献了更多的声音,而以前这些声音则被排除在外,通过促进具有本地经验与专业话语的"混合"来促进决策被更广泛地接受。(3)有效性:本地知识有助于确定低成本高效的政策分析和实施方案。(4)分配正义:本地知识使以前弱势社区面临未被承认的分配正义问题得到了注意。[2]

学生通过进入社区的一手调查,可以了解当地的特殊性、群体的异质性,突破专业知识的边界,全面了解当地的生活方式。专业知识总是试图解释相关问题的因果关系,这必然导致将某些事情排除在外。

四、上海住区更新中的社会调查

(一)社会调查地点和方式选择

上海现有的居住形式可以分为里弄、工人新村、商品房三类。里弄曾经是上海最主要的居住载体,上海的城市形象、市民生活均

---

[1][2]　Corburn, J., "Bringing Local Knowledge into Environmental Decision Making: Improving Urban Planning for Communities at Risk", *Journal of Planning Education and Research*, Vol.22, No.4, 2003, pp.420 - 433.

与里弄息息相关。随着上海城市的发展,里弄逐渐被拆迁。1947年上海约有里弄3 840个,到2013年约有1 490个。为了更好地传承上海的历史和文化,上海市人民政府在2017年11月印发了《关于坚持留改拆并举深化城市有机更新进一步改善市民群众居住条件的若干意见》,明确了"留改拆并举,以保留保护为主"的城市更新指导思想。根据上海市政府的规划,上海还将保护约730万平方米的里弄建筑,这是有利于上海城市风貌保护与传承的措施。但里弄的居住密度高,人均居住面积仅有上海平均水平的一半,而且多数里弄居住建筑的使用年限已经大大超过当初的设计年限,建筑的空间质量已经不能满足现有的功能需要。上海的里弄保护已经有虹口区春阳里保留原住户的改造方式、黄浦区承兴里"抽户"改造方式等多种试点。

为了改善居住条件,居民在里弄内进行了各式各样的改造,包括占领天井搭建厨房、卫生间,在露台上搭建房间,在弄堂内搭建厨房、洗衣台等。居民的改建是自发的、分散的,在一定程度上改善了居民的居住体验。但这样的改造既留下了很多隐患,也使里弄的风貌呈现出杂乱、怪异等现象。居民的自发改建是不受政策和法规保护的,也不被某些专家认同,他们认为这样的改建是对里弄风貌的破坏,但也有一些专家对此现象表示了理解,认为里弄的自发改造在里弄的发展历史上一直存在,只要改造没有破坏里弄建筑的基本结构和风貌,没有影响公共利益,没有引发邻里冲突,居民自发改建就有其合理性。否则,仅否定居民的自发改建,而肯定政府的集中改建,是不合逻辑的。[1]

---

[1]　张俊:《上海里弄风貌传承与居住满意度提升》,载《上海城市管理》2018年第5期,第75—81页。

当下对于里弄的去留以及如何保护与发展，存在很多争论。面对城市开发和里弄保护等多项诉求，政府决策的有效性应基于对基层情况的充分了解。记录下里弄居民的日常生活状况、社会关系网络和社会需求，对于了解里弄的社会价值、如何对待里弄的去与留、如何建设里弄等都有一定的意义。

根据上海里弄更新的现状，以及研究的时间和空间可及性，我选择杨浦区的隆仁里，虹口区的春阳里、瑞康里等进行教学调研点。下面主要介绍依托春阳里的教学和调研。春阳里位于上海虹口区，作为历史文化风貌保护区将长期保留，政府为改善居民生活、留住文化记忆，对春阳里进行改造。春阳里风貌保护街坊更新改造开始于 2016 年，改造目标一是保护春阳里的特色风貌，二是做到居民户内厨卫独用。项目采用分期改造方式：一期项目自 2017 年年初启动，2018 年年初居民回迁，改造以 2—24 号作试点，共 12 个单元，46 户居民；二期项目计 176 户居民，自 2018 年年初开始，2019 年年初居民回迁；第三期项目于 2018 年 10 月启动，计 216 户居民。从第一期、第二期项目的实施效果来看，居民的居住条件得到很大改善，传统厨卫混用格局被厨卫独用布局替代，里弄整体风貌也从以往的脏乱差变为兼具传统风貌的新式居住区，违章建筑被拆除，居民的居住环境更加安全。

调研前，笔者向学生充分普及里弄的发展历史和社会调查的知识。在此基础上给出调查手册，包括调查背景、调查提纲、调查注意事项、调查的方式、调查的技术，以及如何深入社区、与居民交流沟通等。学生根据调研手册选择时间进入社区调查。

（二）学生完成调查的过程

学生从得到进入社区进行学习的任务到最后完成作业可以分

为三个阶段：一是访谈前的犹豫和准备；二是进入现场后的挫折和不断尝试；三是访谈结束后的整理、分析、写作和反思。

在进入里弄调研前，学生对上海居住情况的了解还不够全面，在前期课堂教学中虽然对里弄居住的现状有了知性的了解，但要直接进入里弄调研，与里弄居民建立良好的关系，进行较深入的交谈，还是有些畏难和犹豫。畏难，是因为学生多少有一些社会调研的经验，知道进入社区调研有难度，例如，面对普遍存在的拒访，不知如何能够获得信任；应该在什么时间以什么方式进入社区；以哪种方式接近居民，是学生犹豫的主要原因。对此，教师可以在课堂里分享一些经验，并把以往的调研历程与同学分享，以传授调研技巧和策略，以便降低拒访率。

进入现场后，学生切身感受到在城市里居住困难群体的现状。面对急切盼望居住状况得到改善的居民，学生一开始不知如何接近，也不知如何安抚居民的情绪，导致碰壁在所难免。随着进入里弄次数的增加，学生通过彼此的交流和与老师的交流，各自找到了可以接近的访谈对象。在与居民的交流中，一些学生的目的比较清晰，访谈方法比较合理，得到较多有效的信息，但是另外一些学生的访谈效果并不理想。在课堂的经验分享中，学生互相借鉴，检视自己调查方法的不足，学习其他同学的有效策略，教师及时总结，形成一些里弄调查的小技巧，供以后学习的同学参考。

访谈结束后，学生整理录音、照片，结合相关理论分析，并进行反思。在整理分析阶段，学生要面对复杂性，对于不同角度、不同方面的材料要进行梳理和整合，这个过程显然不如学习一般理论那么精简，因为里弄的更新涉及不同的利益、不同的观念。学生需要在现实的多样性、复杂性与解释的精简性、明晰性间进行平衡。这个过程是学生从实践中归纳理论的重要步骤。

（三）学生学习成果

1. 理解了政策的初衷与现实的差距

上海市政府开启的春阳里改造工程,既留住了上海的文化记忆,又改善了居民的生活条件,固然是一件可喜可贺的事情。但是,通过学生的实地走访后发现,情况并非如此:春阳里的实际情况十分微妙,参与调查的学生将这一微妙的关系归因为外地人与上海人、传统与现代、政府与居民的三对矛盾,而这些长期存在的矛盾,因为这次改造而被释放(学生 W 调查报告①)。

春阳里改造项目中,政府方的让步主要体现在资金支持和征求意见不断修改改造方案上,居民一方的让步体现在整栋楼的居民签约搬出和部分居民认可因改造造成的权益受损。双方都有让步,但因为居委会的协调出现问题,导致居民的让步显得被动。若完善对话机制,那么可能会增加在"如何让"问题上达成一致的概率(学生 Z 调查报告)。

2. 了解了居民间想法的差异

春阳里的居民大概常常会被问到是否愿意接受改造这一问题。仅就同学 T 所访谈的两位居民来说,他们的意见就截然相反,由此学生 T 猜想在整个春阳里,意见必定无法协调统一。但最终春阳里的改造项目如期开展,且就现在看来,并无停止的可能。个人的声音似乎在整体中被淹没了(学生 T 调查报告)。

学生 C 记录了访谈对象的不满:

---

① 来自学生 W 的里弄调查报告摘录,W、Z、T、C、Q、Y、H 是学生姓名的编码,以下调查报告脚注略。

这里全部搞掉了，全部弄掉了，我搞不懂，我们也没房子，所以，无所谓他们怎么搞，他说要搬了，我没钱搬出去。实在不行，我搬到宁波去，我们宁波有房子（学生 C 调查报告）。

3. 学生社会调查能力的提升：在挫折中总结调研方法

不少同学在调查报告中都谈到了社会调查的不易，并从中总结了经验教训：

经过三次拒绝后我们有些灰心，甚至打起了退堂鼓。后来分析了一下被拒绝的原因，比如不能一上来就告知居民我们的身份和来意，也不能在还没有熟悉的时候就提出去人家家里，等等。然后我们又翻出老师上课讲的和访谈者交谈的技巧，我们互相打气，还是继续去寻找可以访谈的对象。（学生 J 调查报告）

经过这一次的失败，我认为很多客观因素导致拒访确实是事实，但也并不是完全没有解决途径，比如我对于前面几个住户的选择都是随机的，没有进行一定的观察，所以太盲目了。另外，我的开头语可能需要进行一些变化和润色以便让受访者放下芥蒂，不能立刻就问"是否可以接受我的访谈"，显得很僵硬。（学生 Q 调查报告）

我认为社会学人一定要保持一个中立的态度，不能过于受到某一主题价值取向的影响。像是在本次里弄改建问题中，其实双方都是有自己立场的。政府可能是为了居民好，却因为行为失当受到误解，居民也可能并不是利益受侵害者，也许很多问题都是他们为了维护自己的经济利益建构出来的。（学生 Y 调查报告）

五、教学中的人才培养与反思

(一)直面现实与问题

在城市社会学的教学中,学生都学习了西方的城市更新理论,但是他们对如何思考中国城市更新中的问题,则并没有足够的了解。在进入里弄后,学生对于城市更新中的问题和矛盾理解得更为深刻。比如政策的宣传与实践效果的差距、居民间意见的不统一、居民意见的情绪化表达,以及在更新改造过程中才逐步发现的原有设计不足。只有进入了里弄,在里弄里与居民进行了有效的长时间沟通,对里弄进行了适当的观察后,学生对于实践问题的复杂性有了切身的体会,对一些抽象的理论和政策才会产生更全面的认识。对于如何探索中国的城市社会学理论才有了初步认知。虽然上海里弄更新一直在进行,但没有这样的课程安排,学生可能不会这么深入地去了解一个里弄。一个里弄就是城市的一个细胞,对于想了解上海、了解大城市的研究者来说,这是一个非常好的窗口。里弄更新中的各种现实问题为学生检视理论、检验政策的实践调查提供了空间。

(二)在现实中思考理论与政策

历史建筑的更新需求强调其原真性,但是建筑都是有使用寿命的,当对历史建筑进行更新的时候,怎么样才体现原真性,成为此类建筑更新不得不面对的问题。在春阳里的改造中,原有建筑的外立面形式得到保留,建筑内部进行了改造。从视觉上看,城市的记忆得以留存。但是里面的使用者却认为这已经更改了里弄的特色。他们认为,里弄的特色之一是房屋的南北通透。现有的改造为了能够增加独立的厨房和卫生间,使房屋的南北方向被阻断,没有了南北通透的房间,在上海的梅雨季节和夏季,房屋是不宜居的。学生在现实的调查中,会接触到不同居民的意见,这些意见从不同角度对政策进行了评论。这些评论促使学生思考。比如:

> 很多时候,外面人与里面人看问题的态度和角度是不一样的。就像是里弄外面的人看里弄,不能仅凭自己的生活经验来理解,而是要切实关注到他们的内心,否则就会制造出令人啼笑皆非的结果。只有深切了解了,才有资格发表言论,才能做出帮助。(学生 Y 调查报告)

> 我也因此对于里弄这个研究对象保有一种模糊的记忆,毕竟我不是"身在其中的人",我只是一个从外围看它的人。我的一些研究结果或者话语可能会产生不同程度的与事实的偏差,这是我想要强调的。但是我并非持有一种不可知论的学习者,我在想,这种与它(里弄)、与他们(里弄中的人)保持的距离其实在另一方面可以帮助我较为清醒地看待各方面的问题,这对于社会学保持价值中立的原则是一个较为安全的选择。(学生 Q 调查报告)

> 本次调研在大部分居民并不认同城市更新改造的背景下进行,采集到的信息更多地偏向指责政府方行为的立场。由于无法切实地调查事实真相,尽管尽量保持了客观的态度,有意识地不予评价居民缺乏证据的推断,我在调研中必定多少会受到居民负面评价的影响,这是客观性上存在的问题。(学生 C 调查报告)

（三）在参与中培养责任感与成就感

通过进入里弄进行调研，学生切身体会到了居住困难、贫富差距。在调研中得到居民的帮助时，学生既觉得十分温暖，又觉得责任重大，希望能够参与到更新中，帮助居民表达意见，平衡好各方面的关系，提出更优化的方案。当学生将调研报告完成，表达了居民的意愿，提出了自己的观点时，也充满了成就感。虽然在实践中学生需要冒一些风险，面临一些不确定性，但学生的体验、参与和沟通会直接给他们带来触动。比如：

> 许多业内看来很优秀的案例事实上无法实施，正是因为不了解社会背景、无法解决真正的社会矛盾。（学生 C 调查报告）
>
> 在每一次的社会调查中，总会碰见让人感到温暖的人和事，希望他们能一切顺利、平安。（学生 T 调查报告）
>
> 在里弄里还能感受到居民对于改造效果未知的焦虑。居民闲聊的话题大多集中在不同的户型会得到什么样的改造，有什么门路可以近距离地看到整个施工的过程，等等。（学生 H 调查报告）
>
> 在我看来，改造的成功与否并不是看施工结束后的房间情况，而是要看一年甚至数年后继续生活在这里的居民对于改造的评价，这种评价既应该包含实质性的设施以及空间利用，更应该包含邻里关系以及传统邻里生活。（学生 H 调查报告）

六、结语

城市住区更新不仅是物质空间的改造，更是社会关系的重塑，需要专业协同和综合治理。社会调查对于了解更新中的民情和学生学习至关重要。现有教学方式偏重理论，缺乏实践环节。通过体验式、参与式和沟通式学习，学生在社区中可以形成尊重历史、关照现实、理解分歧的能力。以上海住区更新为例，本文探讨了促进学生通过社会调查深入理解城市更新，提升能力并培养责任感的方法。文章显示了在城市住区更新过程中社会调查和人才培养的重要性，强调了教学方式需要与实践相结合，以培养学生的实际能力和批判性思维。

整体论视角下大学生创新创业能力培养机制探究

魏程琳

【内容摘要】 创新创业能力培养的关键是解放学生，充分发挥学生在学习、创新、实践中的主体性和积极性。翻转课堂在一定程度上激发了学生的学习积极性，然而，高校大学生创新创业能力培养面临着"碎片化"难题，课上与课下、理论与实践、专业学习与德智教育相脱节。本文提出整体主义的改进思路，并结合个人教学经验作出初步探索，探讨课堂之外的读书会、社会实践、社会服务等活动与课堂教学、理论学习、科学技术学习相结合形成的，课上课下、理论实践、科技德智相结合的教育模式如何实现全过程的创新创业人才培养机制。高校教育应坚持以创新人才、创新技术为基础推动创业实践，并在学生课下学习（读书会）、教师指导、社会服务方面提供更加系统的公共服务。

【关键词】 解放学生 整体主义 读书会 社会实践 创新创业

【作者简介】 魏程琳，同济大学政治与国际关系学院副教授、同济大学中国战略研究院研究员。

党的二十大报告指出,教育、科技、人才是全面建设社会主义现代化国家的基础性、战略性支撑。高校应全面贯彻党的教育方针,落实立德树人根本任务,培养德智体美劳全面发展的社会主义建设者和接班人。高校毕业生与其他从业人员不同的是,他们接受了系统的专业知识教育和人文熏陶,在专业技能、情趣审美上具有精英化特征。大学生能力培养应以专业创新能力为基准,将大学生的课上与课下学习、理论与实践学习、校内与校外学习有机融会贯通,将创新创业教育贯穿于高校人才培养全过程。① 本文从整体论视角探讨大学生创新创业能力培养的实现机制。

一、解放学生:创新创业型人才培养的关键

培育创新创业型人才是高校最主要的任务之一。从当前高校教育研究和实践看,翻转课堂和课下专业实践是培养创新创业型人才的主要形式,两类教育形式的共同特点是:解放学生,充分发挥学生学习、创新的主体性和积极性,将被动教育转变为主动教育的过程。

翻转课堂起源于美国科罗拉多州的一所高中,两位化学老师为了帮助生病缺课的同学,把课堂内容录成视频上传网络,没想到此举不但帮助了缺课同学,而且受到课程复习者的好评。② 翻转课堂借助现代科学技术手段,改造了传统教学中的教者与学习者的对立角色,构建学习者个性化的学习环境,并以"问题""任务"等项目形式为导向,促进个体行动者建构开放性知识,其核心主旨是培养学

① 陈希:《将创新创业教育贯穿于高校人才培养全过程》,载《中国高等教育》2010年第12期,第4—6页。
② 杨斌、王以宁:《美国大学IPSP课程混合式翻转课堂分析与启示》,载《中国电化教育》2015年第2期,第118—122页。

生的创新能力。① 自 2020 年起,新冠疫情在全球范围爆发,这进一步推动了翻转课堂在全球范围的应用和革新。中国知网数据库中以"翻转课堂"命名的论文,在 2012 年仅有 16 篇,2018 年 6 月有 12 000 余篇,到 2022 年 10 月已达 43 458 篇,足见翻转课堂在各个学科教学中得到广泛应用和研究。

翻转课堂的主要特征是学习方式上的学生主体激活、学习组织上的教师教学重构、知识生产上的意外收获。研究表明,传统教学模式中学生学习动机的均值为 2.54,而翻转课堂模式中的动机均值为 2.92。② 翻转课堂对教学过程的重构主要体现在:第一,翻转课堂将老师虚化,学生成为主体甚至成为"客人",师生之间关系更加平等,学习者不再是沉默的"聆听者"和"接受者",而是问题的"评价者""质疑者",讨论的"参与者""互动者",教学主体间实现多元、动态、协商的关系交往模式③;第二,翻转课堂实现学习者学、思、行并举,成功提高了学习者的自主性与能动性④;第三,翻转课堂通过激活创造性思维,为知识生成与发展提供多种可能,鼓励学习者在探索、体验中获得知识,在获取开放性知识的过程中习得科学探索精神。在创新型人才培养中,高校教师应成为"多元能力的培养者""学生学习的引导者""学习活动的设计执行者"。⑤

① 赵俊芳、崔莹:《翻转课堂的内在意蕴及高校教学改革的未来走向》,载《中国高教研究》2016 年第 6 期,第 105—110 页。
② 马秀麟、赵国庆等:《大学信息技术公共课翻转课堂教学的实证研究》,载《远程教育杂志》2013 年第 1 期,第 79—85 页。
③ 郭文良、和学新:《翻转课堂:背景、理念与特征》,载《教育理论与实践》2015 年第 11 期,第 3—6 页。
④ 张金磊、王颖、张宝辉:《翻转课堂教学模式研究》,载《远程教育杂志》2012 年第 4 期,第 46—51 页。
⑤ 李天源:《翻转课堂视域下高校教师角色转换探讨》,载《齐齐哈尔大学学报》2017 年第 3 期,第 179—181 页。

高校教育工作者同样呼吁专业实践教育要从被动实践变为主动实践。[①] 无论是理科、工科，还是人文、社会科学专业的学子，都需要通过专业实践活动确认、检验已学专业知识，并从中再次发现知识、提出疑问、实现创新。然而，传统的专业实践通常在导师既定的指导模式下完成，教师的思路、想法和意见代替了学生的思路、想法和意见，学生成为追求不犯错误的执行者，而非知识探索创新的发明者。这种"师傅手把手教徒弟"的传统教育方式，捆住了学生创新的双手，教师耗费大量时间精力却未达到理想效果，因而"弟子超过师傅"的现象很少出现。从教学机制改革上看，创新教育就是要解放学生，充分发挥学生的学习积极性、主体性和创新性，让学生敢于试错、犯错，只有这样，学生才会有知识印象，才有创新可能。就像翻转课堂强调知识的意外发现一样，专业社会实践同样注重实践中的知识意外。有学者指出，实践教育应该主动培养学生的质疑力、观察力、协同力、领导力。[②] 我认为，实践教育还应充分注重实践的德育教育功能，让学生在"社会"这所大学中自由成长。

"质量是高等教育的生命，教学是高等学校生存的本真。高等教育由大向强转变的根本标志是人才培养质量的整体提高。"[③] 大学生创新创业教育必须形成"国家战略、政府主导、高校引领"的联动态势，构建有利于大学生创新创业的社会文化环境和创新创业教育服务体系。[④] 新时代对创新型人才培育提出了新要求。然而，在专业知识日益精细化、教学分工日益专项化的背景下，大学生创新

---

①② 李培根：《主动实践：培养大学生创新能力的关键》，载《中国高等教育》2006 年第 11 期，第 17—18 页。

③ 瞿振元：《提高高校教学水平》，载《中国高教研究》2015 年第 12 期，第 1—5 页。

④ 谢志远、刘元禄：《大学生创业创新精神培养的对策研究》，载《高教探索》2011 年第 1 期，第 144—146 页。

创业能力培养面临着"碎片化"困境,整体主义培养模式将为我们提供一个新思路。

二、整体主义:高校大学生创新创业能力培养的新思路

大学生创新创业能力培养面临着课上学习与课下实践的脱节,理论教育与实践教育的脱节,创新能力教育与创业能力教育的分化,专业技术教育与德智教育的分离,还表现为学生在学习上的功利主义取向,学校在教学管理上的重前(大一到大三学年)不重后(大四到大五学年)取向,需要从整体制度设计、培养方案和实现机制上予以调适。

源自社会学和公共行政学的整体主义为我们提供了理论思路。社会学方法论上的整体主义与个体主义相对。以韦伯为代表的方法论个体主义强调理解个体行动的主观意义:"行动"是行动着的个体把主观意义附着在其行为之上,只有在行动的主观意义上才能说明他人的行动是"社会的"。[①] 波普尔进一步指出,社会科学归根结底是以个人为研究对象的,整体不能成为科学的研究对象,社会理论的主要任务是要仔细地用描述性的或唯名论的词语建立和分析社会学模式,应按照个体及其活动与关系来加以分析。[②]

迪尔凯姆(旧译涂尔干)始终将"社会事实"作为社会探索的出发点,这些"社会事实"是普遍存在于群体间的、由外界的强制力施加于个人所引起的社会行为、社会思想和社会感受,它不能归结为

---

① [德]马克斯·韦伯:《社会科学方法论》,杨富斌译,华夏出版社 1999 年版,第35 页。
② [英]卡尔·波普尔:《历史决定论的贫困》,杜汝楫、邱仁宗译,北京:华夏出版社1987 年版,第 3—10 页。

个人行为，也不能归结为生物现象和心理现象，因为它独立于个人之外并且可以观察，其存在不依赖社会成员个人的意识，并且它先于个体的生命而存在。它以外在的形式"强制"和作用于人们，塑造了人们的意识，对社会成员的行为发挥制约性影响。①

迪尔凯姆主张从社会结构角度来解释社会现象，坚持用一种社会事实去解释另一种社会事实的原则；韦伯则始终认为个人才是社会行动的真正主体，只有通过把握人的行动动机，才能"理解"社会现象的"主观意义"。事实上，方法论的个体主义与整体主义间的对立，只存在于发现的程序层面，在验证的逻辑层面上这种对立旋即消失。② 尽管如此，方法论上的整体主义关注到了社会结构、关系网络、社会规则等外在强制机制，对于挖掘社会现象的复杂性、深刻性和客观性具有重要指导意义。

当前，包括教育在内的公共服务破碎化，不仅表现为公共产品供给的组织属性多样化，还呈现为决策、执行、服务系统继续分化，更体现在公共行动者动力和权威分散化。这与人们需求的服务一体化、快捷化背道而驰。21世纪伊始，"整体性公共治理"思潮风行于欧盟诸国，它强调通过政府部门间以及政府内外组织间的协作，将利益相关者聚合在一起，最终向公民提供无缝隙的而不是碎片化的公共服务。

本文基于个人教学实践，探索一种课上课下、校内校外、理论实践、科技德智相结合的教育模式。我认为，在传统的课堂教学之外，

---

① 刘中起、风笑天：《整体的"社会事实"与个体的"社会行动"——关于迪尔凯姆与韦伯社会学方法论的逻辑基点比较》，载《社会科学辑刊》2002年第2期，第46—50页。
② 覃方明：《社会学方法论新探（上）——科学哲学与语言哲学的理论视角》，载《社会学研究》1998年第2期，第35—44页。

"读书学习小组""社会实践小组""创新创业小组"可以成为创新型人才培育的重要载体。

三、另类的翻转课堂：读书小组中的大学生主体形塑

既往翻转课堂研究的关注点主要集中在课堂之上，对课堂之下的专业知识学习缺乏关注，对学生主动学习的动力机制缺乏细致分析。读书小组作为"另类的翻转课堂"实践，在课下专业学习和学习者主体意识形塑方面发挥着重要作用，是人文社科人才培养的重要机制。

国内外知识界素来有在校内、校外组织读书学习小组的活动传统，在国内学界影响较大的有 20 世纪 90 年代的"福柯读书小组"，其中的参与者李康、李猛、赵晓力、强世功等人已是社会学、法学领域的专家。而邓正来主持的吉林大学"小南湖读书小组"、贺雪峰主持的武汉大学读书会同样在学界享有盛誉，这些读书会的共同特点是高校教师作为组织者，充分发挥了读书者的学习主体性，最终培养出一大批有影响的青年学者。我 2006 年参加高校读书小组活动，并于 2010 年参加贺雪峰教授主持的读书会，2016 年博士毕业并在高校从教以来一直坚持组织和参与本科生、硕士生读书会。下面结合个人学习经历和读书小组参与者的学习情况反馈，展示读书会在大学生专业学习和主体性塑造方面的功能。

（一）有利于大学生形成清晰的专业认知

政治学、社会学、人类学、民族学等抽象词汇，使得不少学生在报考志愿以及在学习期间，很难弄清楚所学专业是什么。有的学生甚至将社会学定义为"混社会的一门专业"，此类误读不但有碍专业

知识的学习，更不利于学科专业化人才的培养。我主持的读书会，参与者主要是社会学、政治学、社会工作专业的本科生，每年参与人数稳定在 20 人，自 2017 年至 2022 年从未间断。

社会科学是一门理论性、实用性并重的学科，知识的涉及面广、理论渊源深厚，并且强调关注社会时势。正因学科知识深厚庞杂，专业知识又多以"碎片化"传授，不少学生对学科的认识是"一知半解""雾里看花"，甚至有学生因对专业认识不足，失去了学习兴趣，要么转专业，要么混日子。对于一门学科的清晰认识，除需要专业老师讲解外，更需要个人深入探究知识的生产过程和发展脉络，获得深刻的知识体验，形成个体化的专业知识体系。

社会科学专业属于比较开放、多元和知识体系庞杂的学科，学科理论类和经验类书籍阅读课程属于通识教育范畴。我主持的读书会，鼓励并引导学生阅读专业类经典书籍，以帮助学生形成专业化思维。大学生对专业学科的认知往往在循序渐进中完成。大一新生仍处于从高中到大学的转型阶段，抽象思维能力、思想驾驭能力和逻辑表达能力都有待提升。因而，读书会推荐的专业书籍主要以入门书籍为主，《乡土中国》《社会学的邀请》《叫魂》《碰巧成为人类学家之旅》《乌合之众》《娱乐至死》等成为学生青睐的书籍。大一下学期，学生阅读书籍的抽象化和理论化程度会逐步提升，读书会向学生推荐的书目通常是专业经典书籍中易读类的，如埃米尔·迪尔凯姆的《自杀论》《社会教育思想的演进》，吉登斯对社会学思想的评述作品以及萨缪尔·亨廷顿、查尔斯·蒂利等人的作品。在学生阅读中，我也会穿插介绍经验研究类经典作品，例如李景汉等人所著的《定县调查》、张仲礼的《中国绅士》、瞿同祖的《清代地方政府》、杜赞奇的《文化、权力与国家》等，以加强学生对中国近代历史发展的经验感知。到了大二，学生具备了一定的专业基础，这时读书会就会引导学生系统阅读学科经典作品,如《新教伦理与资本主义精神》《宗教生活及其基本形式》《规训与惩罚》《现代性与大屠杀》《疯癫与文明》《社会权力的来源》等专业书籍。

读书会的组织形式是,1—2 名专业老师负责读书会的组织工作,定期召开读书会活动(通常是一月一次),检查学生的读书情况、读书状态并答疑解惑。在读书汇报会上,学生之间的相互激发同样是深化专业认知的重要方式。有学生在假期阅读了费孝通的《江村经济》,在家中竟仿照费孝通先生做起了家乡经济史调研,并进行了专业化的调查报告写作,学生说:"这时我才深深地触摸到什么是社会学。"

"以前学习社会工作专业很不幸福,不知道学习它的用处在哪里。读了《登天的感觉》,我深刻认知到只有社工快乐,你服务的对象才快乐! 社会工作者应该遵守的三个基本原则将会使你走向专业化:一是尊重当事人自决;二是中立的态度,接纳案主而非评判案主;三是运用专业的方法。"(学生 YQC 在读书会上的发言,2019年 3 月 10 日)。读书会成员通过专业化的阅读训练,逐步对专业知识形成清晰认识,通过自身的知识探险"触摸到什么是社会学",感悟到"社工快乐,你服务的对象才快乐",最终形成专业身份认同。

(二)激发大学生专业学习的主体性

兴趣是最好的老师。然而,兴趣并非天然存在,而是需要激发、培养。读书会对学生的最大影响是学习兴趣的培养和主体性激发。

读书会参与者主体性的形塑,需要内力和外力相结合。社会科学专业学生在大一、大二期间通常要修社会学、政治学、法学等学科的基础课程。对于初入读书会的学生而言,最大的难点是将抽象的专业知识与现实生活的经验理解相结合,主动学习、合理安排时间。

在读书会上，指导老师和学生会探讨抽象知识的具体指向，帮助学生制定阅读计划。通常情形是，不少学生觉得专业理论书籍枯燥乏味，不如小说轻松，于是偏爱小说，以为这就是通识教育。小说固然能够拓展知识面、提升审美能力。但小说一般很难有效锻炼学生对抽象事物的逻辑分析能力，亦无法形塑学生的科学思维，还容易引起学生情绪起伏不定。针对这一问题，读书会采取两种解决方式：第一，规定学生每月最少阅读1—2本专业书籍；第二，在读书会点评阶段从能力训练、书籍品质、思想层次等方面，引导学生逐步转向专业经典书籍。实践表明，经过半年左右的训练，绝大多数学生能够适应专业理论书籍阅读，并能从中发现知识、有所获得。

"理工科生要进实验室，文科生应进图书馆"，自主的专业学习是创新型人才培养的重要渠道。在专业教师指导下，读书会成员很快形成"比学赶帮超"的读书氛围，读书状态好的学生每月能阅读2—3本经典理论书籍，能够写出行文规范、逻辑清晰的读书报告。他们逻辑清晰、分析细密、感悟深刻的现场汇报，常常赢得教师和同学的惊叹，这进一步鼓舞了士气。同时，专业经典书籍也在学生的分享中得到确认和推荐，不同成员的阅读分享，有利于大家形成多元、理解、包容的学习心态和分析视角。同时，读书会指导老师对参与者的状态作出点评，主要标准如下：第一，书籍选择是否属于经典书目；第二，书籍选择是否有一定的阅读难度；第三，汇报时是否逻辑清晰、分析到位；第四，读书过程是否全心投入；第五，阅读书籍的数量和质量如何。

读书会形塑学生学习主体的关键机制是，通过公共场合的集体分享汇报会，对参与者形成团体督促压力。在团体之中，每个人都希望获得尊重和荣誉，而读书会的荣誉是通过个人艰辛阅读获得的。团体督促激发每个人的主观能动性，有的学生利用寒暑假的整块时间仔细研读《资本论》《经济与社会》《重建历史唯物主义》等抽象程度更高的社会科学作品。尽管阅读过程辛苦,但阅读后却使学生的精神受到震撼、逻辑分析能力得到训练。以上作品对于人文社科类硕士研究生尚且有些挑战,本科读书会学生自主挑战、自发学习,充分说明学生自主学习的主体性被激发了出来。

(三)提升大学生的专业素养

人文社科专业的专业素养,主要体现为运用专业视角分析问题,并提出专业分析和对策建议。按照这一标准,本科、硕士阶段的社科类学生的专业素养,主要表现为专业的描述分析能力和写作表达能力。

专业的描述分析能力在读书方面的主要表现在于,对所读专业书籍的知识、逻辑的掌握和理解上。社会科学研究不但重视经验质感和个体感悟,而且要以专业语言描述特定问题并对其予以机制分析。同样,阅读者不能被作者的强大逻辑、优美语言、科学预测、真知灼见所轻易征服,而是要以平等的心态与之对话并逐渐形成自己的思考和想法。做到这一点的前提是要有表述和呈现作者论证过程、研究思路、研究结果的能力。对此,读书会老师的指导通常着力于解释知识产生的时代背景、社会经验对照及其贡献和局限等方面。有的学生仿照这一范式,对所读书籍进行条分缕析的理解和展示;也有学生会查阅资料主动补充知识,对所读书籍及作者形成较为全面的认识,还有的学生通过知识迁移,将所读书籍与现实生活经验关联起来。2019 年寒假归来,读书会成员结合家乡观察,汇报个人读书收获时,就有学生谈到中国宗教与西方宗教的差异,他所读的书目正是马克斯·韦伯的《儒教与道教》,而他的家乡正是中国南方农村——民间宗教盛行之地,该学生在读书时反观自身生命体验,对照生活中的民众宗教实践,发现知识的生产并非必然来自经验实践,"刚刚开始读韦伯作品时,云里雾里不知所云,感觉到书中写的是中国,又不是中国。后来通过查找资料发现,韦伯是要从文化中解释资本主义发展的动力,韦伯通过二手资料就能够把中国宗教写到如此深的境界!"当读者在赞叹韦伯研究能力之强时,也看到了经验世界的复杂性,这便是读书者分析、表达能力的综合体现。

法学专业致力于培养学生的"法言法语",社会科学专业同样注重培养学生的专业表达能力,力求使他们具备从政治社会结构、社会基础、社会利益主体等视角分析问题的能力。在读书会初期阶段,学生多数只能口语化地表达读书感受,既不能用专业语言呈现作者思想,也不能从专业视角对之分析提炼。现场汇报交流和读书报告写作,成为提升个人写作、分析和表达能力的综合途经。读书会每月召开一次,要求成员每月提交一份读书报告。读书报告的字数不限,重在训练学生的逻辑思维能力和写作能力。读书会还可以创办季刊、运营公众号,为学生提供写作文稿展示、交流的平台;通过选编优秀报告成册、推送优秀报告到公众号,获得校内外的好评,无形中对学生形成正面激励。不少学生从应付写报告到认真写报告,从粗放思维转变为精细思维,个人在学习中亦越来越专业化。还有部分学生在读书报告写作中开始对比分析不同学者的思想,并从中提出自己的独到见解,具备了一定的研究能力。

四、走向田野：社会实践中的经验探索和自我教育

在学科分类日益精细化、专业知识日益碎片化的大学教育背景下,高校大学生作为年龄上的成年人仍然受到"社会上未成年"的困扰。社会是一所大学,社会经验、社会生活、社会交往、社会行动以

及社会成功决定了一个人的社会贡献可能性和主观幸福程度。在走向社会之前客观认知社会，从他人经验中获得生活智慧，从专业实践中检验知识的效度，从与社会大众互动中自我教育，这些社会教育与课堂教育一样重要。

对于接受系统的理论阅读训练的同学，由于社会科学理论中的思想流派较多，思想驾驭能力稍弱的学生容易被各种未经检验的观点、主张、思潮支配，形成"没有主体性的思想成熟"，故而尤其需要通过经验训练来获得客观认知。理论阅读训练让学生具备逻辑推演和理论辨析能力，呈现出"灵气"，而厚重的经验训练则让社会学的想象力"接地气"，对复杂经验、时代需求、民众心声、政策执行给出有力的回答和指导。

社会科学强调事物经验的完整性及关联性，更加关注词汇背后的经验逻辑。这也正是社会科学的优势所在——整体性还原，它能够在纷繁复杂的经验中抽出核心要素，打破单向度的线性思维。例如，2020年上半年红火一时的"地摊经济"曾被媒体、政策部门及部分学人高度肯定，多数论断都是从缓解就业压力、刺激消费、降低民众生活成本的美好愿望出发。然而，推动地摊经济的政策却忽略了城市经济的功能定位、既有市场服务的完整性以及城市公共空间治理的合法性、延续性。曾经引起社会高度关注的山东拆村并居事件的逻辑同样如此，追求政绩的地方政府忽略了农民生产生活的完整性、村庄社会的低成本生活逻辑、乡土社会与高楼大厦的互斥性。这亦说明，单纯从政策目标、理论词汇和文本表述上获得的信息，与基层实践有诸多不对称，而没有经验感的研究者对此往往会失去判断力，很容易陷入人云亦云的境地。

大学生在象牙塔里接受的是经过系统整理的知识，即使课堂教学呈现的经验知识，也不过是教学者精心加工之后的成果，经验的完整性和复杂性由于时空限制无法展现,学习者只能意会不能言传。费孝通在《乡土中国》中曾经讲过一个故事:城里的女学生下乡见到麦苗,竟卖弄学问说道"今春的韭菜长得很好"。这位同学可能听说过、远观甚至吃过韭菜,但却无法把握韭菜和麦苗的质感区别,凭着主观想象将已有词汇编排到自认为的事物之上,若非他人指正,她很可能一直错误下去。

走向田野进行社会调查实践的优势在于,将调研者置于鲜活个体、生命、经验之中,在场化地理解他者的生活世界、行动逻辑和价值体系,整体性地认识当地人的生活逻辑。没有到过陕北、甘肃农村的人,根本无法想象当地人为何一年不洗一次澡,而我们2017年前去驻点调研半个月的同学,直到调研任务完成也没有洗过澡,才理解到当地人不洗澡不只是因为缺水,还有需求低、风俗习惯和设施匮乏等原因,"夏夜睡觉盖被子的气候"降低了当地人对洗澡的需求。

调查研究奉行朴素的经验本位,强调无主观偏见地介入经验生活,从主体互动中获得经验质感、经验意外和学术创新。这与人类学者提倡的"他者视角"相通。人类学者长期蹲点调研,采用个体参与式、融入式调查方法,通过深描以呈现现象与故事背后的价值体系、规范制度和社会意蕴。克利福德·格尔茨对巴厘岛群众斗鸡的描述分析表明,要发现斗鸡所代表的男性气质、社会地位等内涵,必须进行长期的经验积累。

社会科学类大学生到农村实践,不应"走马观花",更不是乡村旅游,而是要深入群众,倾听他人故事,理解故事背后的结构性原因。这就需要前期的理论积淀和现场的教师指导。课堂上所学的调查方法、书本上的理论分析框架,都要接受经验的检验。指导教师的作用在于观察、指引、示范和激发,而非代替学生思考、访谈和实践。这种现场教学的效果，明显好于课堂上的"隔靴搔痒""雾里看花"。

　　社会调研实践活动的另一个技巧就是晚上总结讨论。白天的访谈、交流是体力活，晚上的总结提炼是脑力活。如何理解不同访谈对象间相悖的言语、不同的说辞、无法理解的社会行动？如何看待"长老权威""闪婚闪离"等社会现象？如何在现象之间发现关联，用经验解释经验，继而与学术界已有研究展开对话？这都需要深入系统地思考和讨论，在讨论中激发新想法、发现意外的经验和知识。

五、结语

　　创新是国家进步的重要动力源，是高校科研单位的重要使命。培养创新型人才是教育工作者的职责，亦是不断改革教学体制、教学形式的基本目标。高校教育应坚持以创新型人才培养为基础，以创新技术和创新人才推动创业工作，不宜在大学生初入学就推动创业训练工作。在当前创新创业能力培养"碎片化"的情况下，本文提出整体主义改进思路，并以个人教学经历作出初步探索，在此提出三条建议。

　　第一，鼓励、引导人文社科类专业学子成立读书会、读书小组、学习小组等专业书籍阅读、讨论、交流平台，从现任教师中选拔德才兼备且有热情的专业教师负责读书会组织、指导工作，打通课堂学习和课下学习、塑造自主学习探索新知的风气。本科生、硕士生读书会应以广泛阅读、开放式阅读、经典理论书籍阅读为主，读书会活动可以定期汇报和专题交流等形式开展。我认为，该类读书会不宜采用专项课题组形式，原因在于，后者以某个细分的专业文献书籍为主，主要目的是服务于课题研究，比较适合运用于博士生和高年级硕士生培养,对于本科生而言,过早的专业技术化会限制其发展的可能性。我前文所述专业化,是基于广泛阅读人文社科经典理论书籍的广义上的社会科学专业化。

第二,继续发挥大学生创新创业项目的训练机制,鼓励大学生利用寒暑假、节庆日活动自主开展创新创业实践活动。建议项目组指导老师亲自带学生实习调研,对学生进行现场教学,促进理论学习和社会实践经验融合。当前教师的教学、科研、社会服务任务较多,时间精力有限,更愿意将时间投入自己所带的学生身上。因而,有必要拓展传统师门制范围,以公共项目平台为基础,将校内师资资源投向更多学生,而这需要管理部门和教师的共同努力。

第三,继续坚持大学生支教团、挂职锻炼等社会服务项目,推动大学生在服务基层中教育自我、成长自我,实现科技教育与德智教学相融合。大学生接受的是从校门到校门的教育,对社会的认知来源于家庭和朋友,难以形成独立的观点和自主的操作能力。社会调研实践和社会服务实践为大学生提供了在社会中成长的平台。基于支教团、挂职服务项目的专业性和人员有限性,建议高校学工部、本科生院及各专业院系定期开展专业技术与德智教育相结合的实践活动,将学生带到现场中感悟、学习和服务,从社会大学汲取营养,形塑其服务社会、回报社会的良好品德。

图书在版编目(CIP)数据

社会科学教法探索 / 门洪华，钟振明主编. -- 上海：
格致出版社：上海人民出版社，2024. -- ISBN 978-7
-5432-3613-4

Ⅰ. C-42

中国国家版本馆 CIP 数据核字第 2024Q5E001 号

责任编辑　裴乾坤
封面设计　路　静

社会科学教法探索

门洪华　钟振明　主编

出　　版　格致出版社
　　　　　上海人民出版社
　　　　　(201101　上海市闵行区号景路 159 弄 C 座)
发　　行　上海人民出版社发行中心
印　　刷　上海商务联西印刷有限公司
开　　本　635×965　1/16
印　　张　15.5
插　　页　2
字　　数　178,000
版　　次　2024 年 9 月第 1 版
印　　次　2024 年 9 月第 1 次印刷
ISBN 978-7-5432-3613-4/G·700
定　　价　75.00 元